Burkhard Riedel, Jahrgang 1956, hat aus freien Stücken eine erfolgreiche Karriere als Journalist und Chefredakteur aufgegeben, um am Rande des Regenwalds in Costa Rica ein ökotouristisches Aussteigerprojekt aufzubauen. Der studierte Sozialwissenschaftler hatte in einem Zirkus und als Zoo-Tierpfleger gearbeitet, bevor er für europäische Verlage und Marketing-Agenturen tätig wurde. Seine Devise: Das Erfahrungskonto zählt in der Lebensbilanz mehr als das Bankkonto.

D1933892

Originalausgabe Dezember 1997
Copyright © 1997 Droemersche Verlagsanstalt Th. Knaur Nachf.,
München
Das Werk einschließlich aller seiner Teile ist urheberrechtlich geschützt. Jede Verwertung außerhalb der engen Grenzen des Urheberrechtsgesetzes ist ohne Zustimmung des Verlages unzulässig und strafbar. Das gilt insbesondere für Vervielfältigungen, Übersetzungen, Mikroverfilmungen und die Einspeicherung und Verarbeitung in elektronischen Systemen.
Umschlaggestaltung: Agentur ZERO, München
Satz: Ventura Publisher im Verlag
Druck und Bindung: Clausen & Bosse, Leck
Printed in Germany
ISBN 3-426-82133-8

6 8 10 9 7

Burkhard Riedel

LEBE DEINEN TRAUM

Ein Ratgeber für alle, die woanders besser leben wollen

Perspektiven, Projekte, Praxistips

Knaur

INHALT

EIN TAG IN EINER GROSSEN STADT
Halb Deutschland vor dem Absprung?

Ein sonniger Spätsommertag in Deutschland. Mittagspause, milde Luft unter tiefblauem Himmel. In den Parks der Großstadt flanieren kinderwagenschiebende Mütter, Touristen, Sekretärinnen und Jungmanager – die Eistüte in der einen Hand, in der anderen das Handy. Ein friedliches Bild gelassener Zufriedenheit.

So scheint es zumindest. Wären da nicht gleich fünf Begegnungen an diesem einen Tag, die nicht so recht ins Bild passen.

Schon frühmorgens hatte mir mein Friseur offenbart, er starte nächste Woche nach Australien – die sechste Reise zum selben Ziel. Mit der Aufenthalts- und Arbeitserlaubnis für einen Daueraufenthalt gäbe es zwar noch Probleme, aber irgendwie ließen die sich schon in den Griff kriegen. Vielleicht wird er seinen Salon hier ganz verkaufen. Oder er wird sich einen Geschäftspartner suchen, mit dem sich der Laden umschichtig führen läßt: »Dann könnte ich mir ein Hintertürchen offenhalten, wenn es schiefgehen sollte.«

Auf jeden Fall will er weg, mit Frau und zwei Kindern – ob für immer oder immer nur für die Hälfte des Jahres, ist noch nicht entschieden. Auf seinen Reisen hat er Kontakte geknüpft, das richtige Fleckchen schon gefunden und die künftigen Nachbarn ausgiebig ausgefragt. Zu eng sei es ihm und seiner Frau in der deutschen Stadt, zu teuer und zu hektisch.

Danach, in der Bank, mußte ich am Schalter warten. Schulterzuckend und mit bedauernd hochgezogenen Augenbrauen signalisierte mir der Berater: »wichtiges Auslandsgespräch«. Am Telefon hatte er eine Kundin, die jetzt dauerhaft auf Kreta lebt und nun gerade von dort ihre Geldanlagen telefonisch bei ihrer Bank disponierte.

Und nun, hier im Park, war ich mit Ferdinand im Seerestaurant verabredet. Ferdinand ist Tischler. Erst redeten wir über einen anstehenden Küchenumbau, dann ging es um die Kinder – und darum, daß sie woanders, ohne Smog und Staus, gesünder aufwachsen würden. »Ich will meine Werkstatt verpachten und mit der Familie auf den Kanarischen Inseln etwas Neues aufbauen«, erzählte er mir.

Die Schwiegermutter habe auf Gran Canaria ein Apartment; von dort aus würden sie nach etwas Passendem Ausschau halten: »Viele deutsche Pensionäre lassen sich da ihre Häuser einrichten. Es gäbe für mich in meinem Beruf genug zu tun. Und die Kinder würden ganz selbstverständlich in zwei Sprachen hineinwachsen.« In spätestens zwei Jahren soll es losgehen.

Am Abend, in der Sauna des Sportstudios, sollte ich dann noch den unsympathischen Angeber treffen, dessen Monolog alle Mitschwitzenden ungefragt darüber informierte, daß er das Ticket nach Tobago schon in der Tasche habe. »Den Streß hier« halte er einfach nicht mehr aus. Als dann doch noch jemand fragte, was er denn mitten im schönen deutschen Sommer in der Karibik wolle, kam unter Schnaufen und Seufzen die Antwort: »Ich bleib nur eine Woche. Ich kaufe mir ein Grundstück und verschwinde wieder. Irgendwo auf der Welt brauche ich einen Platz, der mir gehört und wo es warm ist im nächsten Winter.« Sprach's, wickelte sich das Laken um die Lenden und entschwand Richtung Dusche.

Spätabends noch sollte ich bei einem Gartenfest dem Architekten begegnen, der gerade aus Südafrika zurückgekehrt

war. »Das wird mein Land«, verkündete er entschlossen: »Da herrscht eine positive Aufbruchstimmung. Da kann ich freier und kreativer planen und viel billiger bauen. Das Klima stimmt, und in Sachen Politik muß man einfach optimistisch sein.« Hier in Deutschland ersticke er an immer neuen Gesetzen, Auflagen und Verordnungen.
Ein Tag, fünf Begegnungen. Ist halb Deutschland auf dem Absprung? Sicher nicht. Aber immer mehr Menschen überlegen sich konkrete Alternativen zum Leben hierzulande. Die wichtigsten Trends:

- Mehr als jeder zweite Deutsche kann sich inzwischen vorstellen, ins Ausland zu gehen, um dort zu arbeiten. Beinahe drei Viertel aller Befragten einer aktuellen Umfrage des Wickert-Instituts wären bereit, beruflich noch einmal etwas ganz Neues anzufangen. Das bedeutet: Ganz allgemein nimmt die Bereitschaft zum »Umsteigen« zu. Lebensplanung und Lebensentwürfe werden flexibler.
- Schätzungsweise eine Million Deutsche plant in den nächsten Jahren den Kauf einer Immobilie im Ausland. Bereits jetzt besitzen Bundesbürger Auslandsimmobilien im Wert von rund zweieinhalb Milliarden Mark.
- Die Zahl der Auswanderer, die ihren deutschen Wohnsitz auf Dauer aufgeben, ist stark gestiegen. Mehr als 130 000 waren es 1995 – rund ein Drittel mehr als vier Jahre zuvor.
- Mehr als jeder zweite Deutsche unter 30 Jahren kann sich vorstellen, im Alter ins Ausland zu ziehen. Damit ist die »Auslandsperspektive für später« bei jungen Leuten sogar noch beliebter als bei den heutigen Senioren.

Ein Kapitel dieses Ratgebers belegt es: Aussteigen, in andere Länder und Lebensweisen einsteigen, war noch nie so unkompliziert möglich wie heute. Die Aussicht, daß Alternativen zum hiesigen Tagestrott, zu Job-Frust und Arbeitslosigkeit, zu Umweltängsten und manipulierten Lebensmitteln, zu immer höheren Zahlungen für Rente und Gesundheit tatsächlich anderswo zu verwirklichen sind, wird zu einer immer stärkeren Verlockung.

Diese Verlockung kennt viele Varianten: für den Hamburger Hotelportier, der sich in Kanadas Wildnis an einem rustikalen Hotel für Angler beteiligen will. Oder für den Universitätsassistenten, dessen Zeitvertrag hier in Deutschland ausläuft und der in Mexiko eine Reiseagentur zur Betreuung deutscher Touristen gründen möchte. Oder für die Journalistin, die mit Schwester und chilenischem Schwager in der Nähe von Santiago ein Gästehaus eröffnen wird und nebenher als Chile-Korrespondentin für deutsche Zeitschriften arbeiten will. Die Reihe der Beispiele ließe sich beliebig fortsetzen.

Für dieses Buch habe ich viele lange Gespräche mit Aussteigern aus dem deutschen Alltag geführt. Zusätzlich habe ich einschlägige Berichte in anderen Medien gesichtet und ihnen wertvolle Informationen entnommen. Auffallend ist, daß viele Aussteiger sich selbst eher als Einsteiger in ein anderes Leben sehen – in ein Leben, das ihnen sogar mehr abverlangt als die gewohnten Lebensumstände zu Hause. Mehr Risiko, mehr Bereitschaft zum Lernen, zur Anpassung und zur Aufgabe alter Gewohnheiten, oft auch mehr Arbeit prägen den tatsächlichen Lebensstil vieler Aussteiger. Das Bild vom süßen Nichtstun eines rauschebärtigen Robinson im Schatten unter der Palme trifft ganz gewiß auf die allerwenigsten zu.

»Umsteiger« würde also ihren Lebensstil viel besser beschreiben als »Aussteiger«, haben mir meine Gesprächspartner immer wieder gesagt. Aber weil der Begriff »Aussteiger« in unserem Sprachgebrauch inzwischen so fest verankert ist

(und weil man »Umsteiger« auch wieder falsch verstehen kann, etwa im Sinne von Umschulung und Berufswechsel hierzulande), bleibt es in diesem Buch bei dem gängigen Begriff des Aussteigers.
Was also kennzeichnet einen solchen Aussteiger? An wen wendet sich dieses Buch? Aussteigen verstehen wir hier als

- Abschied vom gewohnten, müden Alltagstrott,
- bewußtes, freiwilliges und konsequentes Ändern des eigenen Lebensstils,
- zumindest zeitweise Verlagerung des eigenen Lebensmittelpunkts in ein anderes Land und in eine mehr oder weniger andere Kultur,
- Weichenstellung, die bestimmt ist durch die Sehnsucht nach besseren Lebensbedingungen (deren Definition jedem einzelnen überlassen bleibt), nach einem angenehmeren Lebensrhythmus, nach freierer Entfaltung eigener Talente, Interessen und Qualifikationen, nach heilerer Umwelt, nach menschlicheren Maßstäben im Umgang miteinander und nach Erweiterung des eigenen Erfahrungshorizonts. Berufliches Weiterkommen im Sinne von schmalspuriger Karriere kann logischerweise also kein auslösendes Motiv zum Aussteigen sein.

Wer bereit ist zum Aussteigen, ist aber auch bereit zum Verzicht: zum Verzicht auf gewohnte Annehmlichkeiten in der vertrauten Umgebung (die einem erst auffallen, wenn sie fehlen), auf ein spontanes Treffen mit alten Freunden, auf die Tageszeitung in Deutsch, auf die selbstverständliche Verfügbarkeit von sozialen und staatlichen Dienstleistungen, auf den erworbenen Status, auf eine bruchlose Berufslaufbahn mit der damit verbundenen materiellen Sicherheit und Planbarkeit.

Wie kaum eine andere Weichenstellung im Leben bedeutet die Entscheidung auszusteigen einen radikalen Bruch – und eine großartige Chance. Nichts und niemand kann einem diese Entscheidung abnehmen, nicht einmal die vertrautesten Freunde oder der eigene Lebenspartner.
Gleichwohl kann dieser Ratgeber ein nützlicher Begleiter in der so wichtigen Phase der Selbstprüfung sein. Gehen Sie diese Phase unbedingt mit viel Zeit, Geduld und Gründlichkeit an! Sie werden dann am Ende immer einen Gewinn zu verbuchen haben: einen Gewinn an Selbsterkenntnis für ein bewußteres Leben, sei es nun im Zielland Ihrer Aussteigerträume oder eben vielleicht doch lieber hier.

NICHT NUR DIE SCHMALSPUR FÜHRT ANS ZIEL
Biegen Sie ab – im richtigen Moment!

Wir leben in einer paradoxen Situation. Verwenden wir einige Minuten darauf, uns darüber klar zu werden.

Einerseits öffnet sich unser Horizont immer weiter: Wir reisen zu immer ferneren Zielen, wir haben Zugang zu immer mehr Informationen, zu mehr Fernsehprogrammen, zu mehr Kontakten – im Internet weltweit.

Andererseits wird unser Horizont immer enger: Immer spezieller werden unsere Berufsfelder. Immer tiefer dringen Experten in immer kleinere Spezialgebiete vor. Immer weniger können wir von dem wahrnehmen, was links und rechts von unserer beruflichen Schmalspur liegt.

Spezialisierung, Arbeitsteilung und lebenslange Weiterqualifizierung in die Tiefe statt in die Breite waren und sind die Schlüsselbegriffe, mit denen eine hochentwickelte Gesellschaft wie die deutsche ihr »menschliches Kapital« sichern und vermehren will. Mit diesen Ansätzen sind Wiederaufbau und »Wirtschaftswunder« in der Nachkriegszeit gelungen, und mit ihnen soll letztlich auch die vielzitierte Wettbewerbsfähigkeit des Wirtschaftsstandorts Deutschland gesichert werden. Wie sagte mir ein Bekannter kürzlich? »Ich weiß von immer weniger immer mehr.« Und fügte schmunzelnd hinzu: »Am Ende werde ich wohl von nichts alles wissen.« Auf seinem hochspezialisierten Forschungsgebiet kann er sich weltweit gerade noch mit etwa 30 Kollegen verständigen. Niemand sonst versteht, was er macht – nicht einmal seine Frau.

Es sind wirtschaftliche Zwänge, die diese immer extremere

Spezialisierung vorangetrieben haben: Ganze Staaten ebenso wie einzelne Unternehmen wollen damit ihren Vorsprung in Technologie und Forschung sichern. Auf den einzelnen Menschen wird dabei keine Rücksicht genommen. Seine Neugier auf Neuland, auf neue Erfahrungen, auf Erprobung schlummernder Talente auf anderen Gebieten kann ebensowenig berücksichtigt werden wie sein Bedürfnis nach breiterer Kommunikation, nach Flucht aus der Isolierung der Spezialisten.

So kommt es, daß sich die Kluft zwischen Wünschen und Wirklichkeit für viele immer weiter öffnet. Einerseits informiert uns ein immer breiteres Medienangebot über immer mehr Ziele und Alternativen, die wir sehen, erleben, selbst ausprobieren und als Lebensentwürfe vielleicht gern einmal selbst umsetzen würden. Und andererseits sind viele von uns gefangen in den immer engeren Schubladen der beruflichen Spezialisierung, der starren Regeln und der nüchternen Normen.

Die Konsequenzen daraus sind klar. Die Ansprüche an unser Leben, zusätzlich angeheizt durch die raffinierten Wünschewecker einer immer aggressiveren Werbung, lassen sich immer schwerer mit der eigenen Lebenswirklichkeit vereinbaren. Gerade die Nachdenklichen können an dieser Erkenntnis zerbrechen. Oder aber sie können von der Schmalspur abbiegen und ihr Leben selbst in die Hand nehmen: radikal neue Erfahrungen sammeln, den Horizont erweitern, aussteigen aus der Schmalspur.

Universalität, also breit angelegte Allgemeinbildung, hieß das Bildungsideal der Renaissance und der Aufklärung. Goethe war es, der neben seinem immensen dichterischen Werk so ganz nebenbei noch naturwissenschaftliche Entdeckungen machte und sich als Mineraloge, Anatom und Botaniker betätigte. Mit der Entdeckung des menschlichen Zwischen-

kieferknochens hat sich Goethe in der Geschichte der Anatomie verewigt.
Auch Universalgelehrte wie Alexander von Humboldt haben immer wieder Neues ausprobiert und »terra incognita» betreten – Neuland also. Nicht weniger als 60 000 Pflanzen hatte Humboldt auf seinen Forschungsreisen gesammelt und wissenschaftlich bestimmt. Gewiß genug Material für einen spezialisierten Botaniker. Aber er fand noch Zeit für so vieles mehr! Er entdeckte die nach ihm benannte Meeresströmung ebenso wie zuvor unbekannte Gesetzmäßigkeiten des Magnetismus; er brachte die Wetter- und Klimakunde ebenso voran wie die Geologie und die Völkerkunde.
Wie eng sind unsere Lebensentwürfe dagegen heute! Viele denken immer nur in eine Richtung, lebenslang immer nur geradeaus. Auf dieser Strecke fahren die meisten von der Ausbildung bis zur Rente – »geradlinig« heißt das positiv, »schmalspurig« lautet es negativ.
Aber, um im Bild der Strecken und Straßen zu bleiben: Sind es auf einer geradlinigen Autobahn nicht auch die Abzweigungen und Ausfahrten, von denen aus sich Umwege lohnen? Umwege über kleine Landstraßen, auf denen es Neues zu entdecken gibt, und Zwischenstops, an denen es sich haltzumachen lohnt?
Besonders wenn ein Stau droht, nennen jede Straßenkarte und jeder Verkehrsservice im Autoradio diese Ausweichstrecken, um über alternative Wege ans Ziel zu kommen. Nur die Einfallslosen oder die Uninformierten ignorieren diese Alternativen und fahren in den Stau hinein, bleiben stundenlang in ihm stecken – und ärgern sich dann, wenn es schon zu spät ist, über die verpaßten Alternativen.
Ganz genauso ist es mit unserem Lebensentwurf auch. Nur kommen seltsamerweise noch viel zu wenige auf dieselbe Idee: Wenn ein Stau droht, wenn unser Fortkommen hin zu

unseren (Lebens-)Zielen behindert oder gar versperrt scheint, denken die meisten erst zu spät über Abfahrten von der Autobahn nach, über alternative Routen zum Ziel, zu mehr Erfüllung und zur sprichwörtlichen Horizont-Erweiterung. Einfallslosigkeit und Uninformiertheit auch hier? Vielleicht.

Der Mangel an Einfällen und der Mangel an Informationen: Beidem will dieses Buch abhelfen. Es will sozusagen im Handschuhfach griffbereit liegen, wenn auf Ihrer Fahrt ein Stau droht. Von den Erfahrungen anderer, die schon lange vor Ihnen von der geraden Strecke abgebogen sind, können Sie lernen.

Interessanterweise verbreitet sich erst in letzter Zeit die Einsicht immer mehr, daß die gerade Schmalspurstrecke nicht mehr unbedingt der erfolgreichste Weg zu den eigenen Lebenszielen ist. Die besten Beispiele liefert der Arbeitsmarkt. Die Zeiten, in denen man einen Beruf fürs Leben lernte, sind nicht nur nach Ansicht des Arbeits- und Organisationspsychologen Werner Gross für viele vorbei. Auf einer Fachtagung seines Berufsverbandes erklärte er kürzlich, die Zukunft gehöre den »Lebensabschnitts-Jobs«. Im Laufe eines Lebens ganz verschiedene Dinge anzugehen, werde immer wichtiger. Und die Bereitschaft zu ständiger Neuausrichtung auf neue Chancen und Möglichkeiten werde Erfolg und Zufriedenheit künftig wesentlich mitbestimmen.

Bis hinauf zur Spitze des Deutschen Gewerkschaftsbundes nimmt man diesen Trend ernst: Schon etwa im Jahr 2010, meinte DGB-Chef Dieter Schulte unlängst in der Zeitung *Die Woche*, habe das heute übliche Arbeitsverhältnis ausgedient. Der allmähliche Aufstieg in der Hierarchie und die Lebensstellung bei einer Firma seien dann wohl Vergangenheit, so der Gewerkschaftsboß.

Die bereits kurz erwähnte Umfrage des Wickert-Instituts vom Frühjahr 1997 gibt Gross und Schulte recht: Fast drei von vier Deutschen wären demnach zu einem Berufswechsel bereit, um noch einmal etwas Neues anzufangen. Mehr als die Hälfte der Befragten würde dafür auch finanzielle Einbußen in Kauf nehmen oder ins Ausland gehen.

Unter diesen Umständen hat sich sogar die klassische Definition von Karriere überholt. Sie führt nicht mehr, so ein Sprecher der renommierten Kienbaum-Unternehmensberatung, unbedingt und um jeden Preis »hoch hinaus«, sondern in die Breite unterschiedlichster Erfahrungen hinein. Statussymbole und Erfolgsbeweise der alten Art, wie die Typklasse des Geschäftswagens oder die Größe des eigenen Büros im Vergleich zu dem der Kollegen, würden immer weniger wichtig. Die neuen Erfolgsbeweise, so der Experte, heißen zum Beispiel »Zeitsouveränität und Entfaltungsmöglichkeiten« – mit Erfahrungen auf unterschiedlichsten Gebieten und mit der Freiheit, sich seine Lebens- und Arbeitszeit souverän und selbstbestimmt einzuteilen.

Natürlich geht es in diesem Buch nicht um Erfolg im Sinne von Karriere – ganz im Gegenteil. Trotzdem ist es spannend und wichtig, die Zeichen der Zeit zu erkennen. Es geht ganz einfach um Souveränität, um Selbstbestimmung. Es geht darum, aus der immer unübersichtlicheren Fülle von Möglichkeiten zur individuellen Lebensgestaltung selbstbestimmt die für den jeweiligen Lebensabschnitt beste Option auszuwählen.

Glauben Sie daran: Für die Fahrt hin zu Ihren Zielen gibt es mehr als die eine Route, auf der Sie gestartet sind und auf der Sie jetzt gerade fahren. Biegen Sie nicht an der erstbesten Kreuzung ab, vertrödeln Sie nicht Zeit, Energie und Geld mit Irrfahrten ins Geratewohl auf beliebigen Seitenstraßen! Aber prägen Sie sich ganz fest ein: Nur wer sich gar

nichts traut, wer die ausgefahrenen Hauptstrecken nicht verlassen mag, landet im Stau und im Frust – mit Tausenden anderen.
Wer dagegen Neuland betritt, befindet sich in bester Gesellschaft: Humboldt und Goethe lassen grüßen.
Daher: Prüfen Sie sich selbst! Es mag ja tatsächlich objektive Gründe und subjektive Dispositionen geben, die Sie an den einmal eingeschlagenen Weg binden. Falls Sie aber entdecken sollten, daß dies nicht so ist, so öffnen Sie sich fürs Abbiegen im richtigen Moment auf die richtige Straße! Sie kann Sie weit bringen, kann Horizonte erweitern und Sie mit Menschen zusammenbringen, die Ihr Leben bereichern.

HOME IS WHERE MY HEART IS
Was bedeutet Mobilität?

Wenn Sie woanders nach einem besseren Leben suchen, also die heimatlichen Zelte abbrechen – und sei es auch nur als Teilzeitaussteiger für einen Teil des Jahres –, werden Ihre Freunde, Kollegen und Nachbarn darauf garantiert skeptisch reagieren. Diese Skepsis hat erfahrungsgemäß mindestens drei Ursachen:

• *Die ehrliche Sorge um Ihr Wohlergehen.* Kann das denn gutgehen? Werden Sie nicht ausgetrickst von fiesen Beratern und Grundstücksmaklern? Werden Sie nicht hereingelegt von Leuten, die es ausnutzen, daß Sie die Gesetze Ihres Ziellandes nicht kennen oder die Sprache nicht perfekt beherrschen? Werden Sie überhaupt Anschluß finden in einer fremden Kultur? Werden Sie nicht zuviel Lehrgeld zahlen? Werden tropische Krankheiten Sie bedrohen? Diese und viele andere Fragen werden Sie zuallererst auch sich selbst stellen müssen.

• *Der offene oder unterdrückte Neid.* Sollten Sie sich wirklich auf eine Lebensform vorbereiten, von der andere nur träumen? Sollte Ihnen das am Ende gar gelingen? Machen Sie sich schon jetzt auf kaum verhohlene Schadenfreude gefaßt, wenn Ihr Plan schiefgehen sollte. Die nettesten Leute werden zu den giftigsten Spöttern, wenn Ihnen das mißlingt, was sich diese Menschen selbst einfach nie zugetraut hätten. Wenn Ihr alternativer Lebensentwurf scheitert, ist das Leben der anderen gleich wieder in Ordnung. Es bestätigt sich immer wieder: Leere, Frust und enger Lebenshorizont lassen sich eben besser ertragen, wenn man jemanden kennt, der das alles überwinden wollte und der damit auf die Nase gefallen ist.

• *Der Argwohn vor Ihrer mobilen Lebensform.* Dieser Argwohn sitzt so tief in den meisten von uns, daß wir seine Ursachen genauer betrachten sollten. Denn auch Sie selbst sind nicht frei davon – und in dem so wichtigen Prozeß der Selbstprüfung, durch den Sie dieses Buch begleiten möchte, spielt die total widersprüchliche gesellschaftliche Bewertung von Mobilität hier bei uns in Mitteleuropa eine ganz entscheidende Rolle.

Einerseits nämlich bewundern wir Menschen, die zu neuen Ufern aufbrechen: die Abenteurer und Auswanderer, die Entdeckungsreisenden und Forscher vergangener Zeiten, aber auch die erfolgreichen Senkrechtstarter, die erst in der neuen Heimat zu Wohlstand und Ruhm gekommen sind. Das Sprichwort kennen wir alle: Der Prophet, dessen Wort im eigenen Land nichts gilt, muß in die Fremde, um gehört zu werden.

Andererseits zeigt uns schon das Wort vom »Nichtseßhaften«, in wessen Gesellschaft wir uns begeben, wenn wir fort wollen vom festen Wohnsitz. Nämlich in die Gesellschaft von Obdachlosen, Ausgestoßenen, Vagabunden, von »vaterlandslosen Gesellen«! Jemand, der nicht dauernd unter einer inländischen Adresse erreichbar ist und der auch ganz bewußt nicht wegen der Karriere ins Ausland geht, gilt hierzulande immer noch als suspekt (und für Banken, beispielsweise, als nicht kreditwürdig).

Wer sich also mit dem Gedanken trägt, aus nicht karrieremotivierten Gründen der Heimat adieu zu sagen, sollte souverän mit der Bewertung der eigenen mobilen Lebensform durch andere umgehen können. Und die Widersprüchlichkeit in dieser Bewertung bestätigt sich immer wieder aufs neue. Da ist einerseits das Negativimage vieler mobiler Berufe – vom klinkenputzenden Staubsaugervertreter über die Kirmesschausteller bis zum wandernden Scherenschleifer, kurz: das fahrende Volk. Andererseits die Erfolgreichen: der Jet-set, die Megastars und die Tennisidole, immer auf Tournee, immer aus dem Koffer – gerade erst angekommen und schon wieder weg. Je mobiler, desto prominenter: Hier wird Mobilität zum Element eines Lebensstils, den wir bewundern.

Und mittendrin zwischen diesen Extremen stehen Sie – mit Ihrem ganz harmlosen Vorhaben, woanders besser, freier, gesünder, glücklicher und billiger leben zu wollen. Interessanterweise bringt auch die Wissenschaft wenig Klarheit in das Bewertungsdurcheinander des mobilen Lebens. Nur ein Beispiel: Der Soziologe Karl Schwarz schrieb in einer *Analyse der räumlichen Bevölkerungsbewegung* erst recht positiv: »Es liegt in der Natur der Sache, daß in erster Linie die Fähigsten und Unternehmungslustigsten abwandern«, um wenig später zu warnen, daß der »Bruch mit den Wertvorstellungen der alten Heimat, das Zerbrechen der bisherigen sozialen Kontrollen durch Familie, Nachbarn und Freunde« eben auch »zu moralischer Zersetzung und Haltlosigkeit führen« könne.

Etliche Soziologen, die sich mit diesem Thema beschäftigen, arbeiten mit einem simplen Raster von sogenannten Push- und Pull-Faktoren. Push-Faktoren sind dabei diejenigen Motive, die jemanden aus der alten Heimat fortstoßen (englisch: push) – wie etwa hohe Arbeitslosigkeit, hohe Lebenshaltungskosten, politische und soziale Probleme, Seuchen und anderes. Pull-Faktoren sind dagegen die Verlockungen, die jemanden zu einem Zielgebiet hinziehen (englisch: pull) – wie etwa bessere berufliche Chancen, angenehmeres Klima, niedrigere Lebenshaltungskosten und ähnliches.

Für jeden Menschen, so die vereinfacht wiedergegebene Deutung dieser Soziologen, haben bestimmte Push- und Pull-Faktoren unterschiedliches Gewicht. Man kann sich das sehr gut am Beispiel einer alten Kaufmannswaage mit zwei Waagschalen vorstellen. In der einen Waagschale liegen die Dinge, die einen Menschen an die alte Heimat binden: Freunde, liebgewonnene Elemente des heimatlichen Lebensstils, das eigene Haus, die selbst aufgebaute berufliche Existenz und etliches mehr. In die andere Waagschale kommen nach und nach die Push- und Pull-Faktoren.

Die Push-Faktoren, die sich mit der Zeit in dieser zweiten Schale ansammeln, drücken ja erst einmal nur eine Unzufriedenheit mit dem Leben in der alten Umgebung aus. Sie allein können also noch nicht zur Abwanderungsentscheidung führen – höchstens zu einem unsteten Umhervagabundieren. Erst wenn in derselben Waagschale genügend Pull-Faktoren hinzukommen, wenn also die Vorstellungen vom besseren Leben zu einem ganz bestimmten Ziel weisen, schlägt die Waage aus, und der Zeiger deutet auf zielgerichtetes Auswandern.

Wann wird nun dieser Punkt erreicht, an dem die Waage ausschlägt? Der Punkt also, an dem die Summe der Push- und Pull-Faktoren schwerer wiegt als die Bindungen an die alte Heimat in der anderen Schale? Dies ist nicht nur von Mensch zu Mensch verschieden. Auch von Land zu Land, von Kultur zu Kultur gibt es große Unterschiede.

So hat etwa der Münchener Amerikanistikprofessor Gert Raeithel viele Jahre der Forschung verbracht, um nachzuweisen, daß Amerikaner viel eher als Europäer bereit sind, immer wieder weiterzuziehen und Vertrautes aufzugeben. Sogar die Briefe und Lebensläufe von europäischen Auswanderern nach Amerika hat Raeithel untersucht und dabei herausgefunden, daß sie schon in ihrer alten Heimat viel eher »loslassen« und sogenannte Objektbindungen aufgeben konnten als ihre Zeitgenossen, die dort seßhaft geblieben waren. Bis heute hat sich an der Mobilitätsbereitschaft der Amerikaner nicht viel geändert: Schließlich zieht ein Bürger der USA im statistischen Durchschnitt stolze 14mal in seinem Leben um!

Schon die Geschichte der Besiedlung der USA durch den weißen Mann war die Geschichte einer einzigen großen Wanderungsbewegung von Ost nach West. Und die aufmunternde Devise »Go West, young man!« hallt auch heute noch durch Amerika. Sie jault schmalzig aus Country-Gitarren und Musikboxen. Sie ist in den Road Movies von *Easy Rider* bis *Paris, Texas* zu sehen und auf den ganz realen Highways, auf denen transportable Häuser durch den riesigen Kontinent rollen – Blechdomizile von der Größe stationärer Fertighäuser, aber jederzeit aufzuladen und mit dem Sattelschlepper zum nächsten Ziel zu transportieren, von Kanada bis Mexiko, von Florida bis Seattle. »Home is where my heart is« ist in Amerika immer noch Mythos und Motto eines Lebensstils: Wohin mein Herz mich trägt, da bin ich zu Hause.

Gehen Amerikaner vielleicht einfach unkomplizierter mit Sehnsüchten um, die in jedem von uns schlummern? Stecken nicht diese Sehnsüchte seit unserer Kindheit auch ganz tief in uns? Warum sind denn wohl die ersten Berufe, von denen Kinder schwärmen, mobile Berufe? Warum wollen Kinder mit dem Zirkus ausreißen und auf Wanderschaft gehen? Warum wollten Kinder vor noch gar nicht langer Zeit Lokomotivführer werden oder Kapitän – heute eher Pilot oder Astronaut?

Erst während unseres Heranwachsens, und schon geprägt durch Konvention und Anpassung, hat sich unser Blickwinkel auf die erreichbaren Möglichkeiten immer mehr verengt. Wir wurden »vernünftig«, also erwachsen. Als Erwachsene haben wir keine Flausen mehr im Kopf, wir konzentrieren uns auf das mit Vernunft, Fleiß und Geradlinigkeit Erreichbare und Machbare – und beweisen anderen unsere Zielstrebigkeit dadurch, daß wir uns von dieser geraden Linie nicht abbringen lassen.

Ganz zaghaft nur kommt sie gelegentlich noch zum Vorschein, unsere Sehnsucht nach der weiten Welt. Etwa dann, wenn wir im Hafen stehenbleiben, weil ein Überseedampfer an uns vorüberzieht und Kurs auf andere Kontinenten nimmt. Den Geruch von Brackwasser, frischer Teerfarbe und Diesel in der Nase, das tiefe Wummern der Motoren und das Kreischen der Möwen im Ohr, erlauben wir uns für einen kurzen Moment, uns mit allen Sinnen dem Fernweh hinzugeben. In diesen Momenten berührt es uns ganz unmittelbar: So, genau so, sind seit Jahrhunderten Millionen Menschen zu neuen Ufern aufgebrochen.

Mißernten, Hunger und ein ausbeuterisches Pachtsystem hatten einst Millionen Iren auf die Schiffe Richtung Amerika getrieben. Die kolonialen Weltreiche der Briten, der Franzosen, Spanier und Portugiesen, die Neu-Amerikaner aus Italien, Polen, Deutschland und Skandinavien, die Deutschen als Bierbrauer in China und als Kolonialherren in Afrika: Begonnen hatte das alles in den Häfen Kontinentaleuropas und des britischen Königreiches.

Und heute? Umweltängste, Arbeitslosigkeit und Staatsverdrossenheit erreichen hierzulande ein zuvor unvorstellbares Rekordniveau. Dennoch: Was die meisten von uns wagen, sind nur die ganz kleinen Fluchten aus dem Alltag. Zu den gängigsten Fluchtmöglichkeiten der Deutschen zählt das Fernsehen: 1996 schalteten die Deutschen jeden Tag eine Dreiviertelstunde länger den Alltag ab (und den Fernseher an) als noch 1985. Die durchschnittliche Fernsehdauer eines

Erwachsenen liegt heute, so eine aktuelle Untersuchung des ZDF, bei drei Stunden und zehn Minuten täglich.
Auch andere Fluchthilfen aus dem hiesigen Alltagstrott liegen voll im Trend. Kassetten und CD-ROMs mit Meeresrauschen und beruhigender Entspannungsmusik verkaufen sich ebenso hervorragend wie Meditationshilfen und die sogenannten Mind Machines, also Geräte zum Abtauchen aus Streßsituationen. Und auch die alarmierende Zunahme des Konsums von Drogen und Psychopharmaka kennzeichnet eine Flucht aus der Realität des hiesigen Alltags. Gerade für sensible Seelen, denen die Defizite unserer Lebensform hierzulande besonders bewußt sind, haben die immer leichter herzustellenden und zu beschaffenden Modedrogen eine verhängnisvolle Attraktivität.
Die beliebteste Flucht aus dem Alltag ist aber immer noch das Reisen. Und je weiter diese Flucht führt, desto besser: In nur zehn Jahren, von 1985 bis 1995, haben sich die Reisen der Deutschen zu Fernzielen außerhalb Europas mehr als verdoppelt. Rund 90 Milliarden Mark geben die Deutschen alljährlich für Reisen aus. Sie würden, so ergab eine repräsentative Studie 1996, eher noch an ihrer Kleidung oder an der Wohnungseinrichtung sparen als an ihren kleinen (Reise-)Fluchten.
Tatsächlich werden Fluchtmotive für die Reisen der Deutschen immer wichtiger. »Raus aus dem Alltag« nannten im Januar 1993 noch 46 Prozent der Befragten in der alljährlichen Reiseanalyse als besonders wichtiges Urlaubsmotiv. Nur drei Jahre später waren es bereits 59 Prozent. Ein enormer Anstieg in so kurzer Zeit! Traditionelle Reisemotive, wie Interesse an anderen Ländern und Kulturen oder Neugier auf ganz bestimmte Ziele, landen dagegen weit abgeschlagen auf den hinteren Plätzen der Statistik.
Reisen – das bedeutet für die meisten also Flucht aus dem

Alltag mit garantierter Rückkehr in denselben. Aber auch diejenigen, die Deutschland für immer verlassen, werden immer mehr. Die Zahl der Auswanderer aus Deutschland, die sich bei ihrem zuständigen Einwohnermeldeamt auf unbestimmte Zeit verabschieden, ist kräftig gestiegen: von knapp 99 000 Bundesbürgern 1991 auf mehr als 130 000 vier Jahre später. Und noch schneller wächst die Zahl derjenigen, die zwar noch nicht gegangen sind, aber schon ernste Absichten hegen: Innerhalb eines einzigen Jahres, von 1995 auf 1996, verzeichnete das Raphaels-Werk, eine Auswanderer-Beratungsstelle der Caritas, eine Zunahme der Beratungsgespräche um ein Drittel.

Wer den Entschluß faßt, in ein anderes Land »auszusteigen«, wird sich aber nicht unbedingt in der Auswandererstatistik wiederfinden. Teilzeitaussteiger zum Beispiel, die weiterhin ihren alten Wohnsitz behalten, tauchen in diesen Zahlen gar nicht auf. Andererseits sind viele in der Statistik erfaßten Auswanderer alles andere als Aussteiger: Sie wollen Karriere machen oder folgen ihren ausländischen Ehepartnern in deren Heimat – etwa den in die USA zurückkehrenden amerikanischen Soldaten, nachdem deren Kasernen Anfang der 90er Jahre in Deutschland aufgelöst wurden.

Viel mehr Menschen allerdings, als tatsächlich gehen, geben sich mit dem bloßen Image vermeintlicher Freiheit zufrieden. Und genau darauf darf man nicht hereinfallen, wenn man sich vor einer Ausstiegs-Entscheidung selbst prüfen will. Deshalb gilt für Sie, wenn Sie sich auf den Absprung aus dem hiesigen Alltag vorbereiten: Öffnen Sie die Augen für die Mechanismen, mit denen Ihr Fernweh vereinnahmt werden soll!

Ganz schnell wird Ihnen dann auffallen, wie viele Produkte – vom Auto bis zur Zigarette, vom Parfüm bis zum Whisky – nicht mehr über ihre tatsächlichen, sachlichen Qualitäten, sondern nur noch über Image-Schablonen von Freiheit in grandioser Landschaft verkauft werden. Und vielen Leuten scheint es tatsächlich zu reichen, sich mit dem Kauf eines solchen Produkts die vermeintliche große Freiheit zu holen – auch wenn sie damit stundenlang eingekeilt im Stau stehen. Breitspurige Allrad-Geländewagen brummen auf riesigen Reifen über die Boulevards deutscher Großstädte: Am Steuer meist ein Zwitter aus Yuppie Müller und Hardy Krüger – oder, mit den Worten der Kabarettistin Lisa Fitz: »Außen Macho, innen Vollkasko« – der Zeitgeist in vier treffenden Worten; Illusion, Lifestyle-Parodie, aber niemals ein wirklicher Schritt Richtung Freiheit.

AUSSTEIGEN – SO LEICHT WIE NIE ZUVOR
Zwölf Gründe, warum globales Leben so einfach ist

Die Zeiten, in denen etwa Australien seine Neubürger aus dem Nachkriegseuropa mit offenen Armen empfing und ein australischer Arbeitgeber oft ganzen Übersiedlerfamilien die Schiffspassage zahlte, sind längst vorbei. Die meisten fernen Ziele der Auswanderer und Aussteiger haben längst ausgeklügelte Auswahlsysteme entwickelt, die den Einlaß ins gelobte Land regeln sollen.

Doch erstens gibt es durchaus Mittel und Wege, einige »Einlaßkontrollen« elegant zu passieren. Und zweitens, wichtiger noch: Wieviel leichter als damals macht unser heutiger Lebensstil den Sprung ins Ausland! Von den Vorteilen, die heute praktisch jeder nutzen kann, hätten die Nachkriegsauswanderer vor 50 Jahren nicht zu träumen gewagt. Die Welt wächst zusammen, und Aussteigerprojekte sind weltweit unkomplizierter zu verwirklichen. Machen wir uns die zwölf wichtigsten Pluspunkte unserer heutigen Situation also einmal klar.

Erstens: die schnelle globale Kommunikation

Ein Telefax aus der alten Heimat erreicht den Empfänger selbst auf einer abgelegenen Insel oder in einem Urwalddorf. Schon lange vor dem Absprung ins Zielland macht die Fax-Kommunikation mit den neuen Nachbarn, mit Projektpartnern, Architekten und Behörden alle Vorbereitungen so leicht wie innerhalb des Heimatortes hierzulande. Und spä-

ter, vor Ort, ist das Fax dann die ideale Brücke nach Hause – auch für Notfälle.
Die Kommunikation per Fax ist auch die Grundlage für das wirtschaftliche Gelingen vieler Aussteigerprojekte. Wer sich etwa den Zeitunterschied zwischen Mitteleuropa und seinem fernen Zielland zunutze macht, kann mit einem kleinen Schreibbüro, als Übersetzer, Werbetexter oder Autor eilige Aufträge für deutsche Auftraggeber buchstäblich über Nacht ausführen – nämlich dann, wenn Deutschland schläft, aber etliche Zeitzonen entfernt tagsüber gearbeitet wird. Die Aufgabenstellung oder Übersetzungsvorlage wird zur deutschen Abendstunde Online oder per Fax übermittelt, und am nächsten Morgen hat der deutsche Auftraggeber die fertige Arbeit auf dem Tisch – wiederum per Fax oder Online. Ein Beispiel für den Aufbau einer solchen Aussteigerexistenz in Neuseeland enthält das Kapitel »Konzepte für den Absprung«.
Auch für ein eigenes touristisches Aussteigerprojekt im Zielland ebnet die Fax-Kommunikation den Weg. Wer dort etwa ein »Bed & Breakfast«-Gästehaus oder eine Wildnis-Lodge betreiben möchte, wer Motorräder an Urlauber vermieten oder Surfkurse anbieten will, kann per Fax Anfragen von Gästen direkt aus Deutschland empfangen und ihre Buchungen sofort rückbestätigen.
Bald wird der rasante Ausbau der Satellitennetze die letzten weißen Flecken auf der Welt gelöscht haben, die bislang telefonisch nicht erreichbar waren. Jeder unbewohnte und unerschlossene Punkt der Erde wird dann mit der Welt verbunden sein wie ein Vorort einer Großstadt mit dem anderen. Die Telekommunikationsindustrie arbeitet bereits mit Hochdruck an der Einführung von »Welt-Telefonnummern« für den Normalbürger: Dann braucht man Freunden und Kollegen nicht mehr alle möglichen Nummern mitzuteilen,

unter denen man im Ausland und auf Reisen erreichbar ist. Dann nimmt man seine Nummer einfach überallhin mit – mitsamt dem Telefon. Und wenn ein Bekannter anruft, wird er zunächst gar nicht wissen, ob Sie ihm nun aus Bottrop oder aus Botswana antworten.

Internationales Telefonieren und Faxen wird auf absehbare Zeit immer billiger. Den harten Preiskampf der Deutschen Telekom gegen ihre neuen privaten Konkurrenten hierzulande und gegen die Telekommunikations-Giganten in den USA können Sie ganz entspannt beobachten. Ob Sie am Ende nun etwa mit der Global Calling Card des US-Konzerns AT & T oder mit der internationalen Telefonkarte der Deutschen Telekom besser fahren, ob mit einem weltweit operierenden Callback-Service oder mit zu erwartenden neuen Diensten, die jetzt noch gar nicht auf dem Markt sind: Das Ergebnis wird für Sie günstig sein. Denn neue Telekom-Anbieter können neue Kunden nur mit billigeren Tarifen locken – die von den alten Platzhirschen des Marktes wiederum unterboten werden müssen, um nicht zu viele Kunden zu verlieren.

Weitere angenehme Extras sind die Zusatzdienste, mit denen die Telekommunikations-Anbieter sich gegenseitig zu überbieten versuchen. So war etwa AT & T Pionier bei der Einführung von weltweit per Telefon verfügbaren Dolmetscherdiensten. Diese Dienste, die inzwischen auch einige Konkurrenten anbieten, können irgendwo auf der Welt in kritischen Situationen durchaus hilfreich sein: Gegen eine Gebühr schaltet sich ein Dolmetscher ein, der während des Telefonats in einer Art Dreiecksschaltung aus dem Deutschen in die Sprache Ihres Gesprächspartners (und umgekehrt) übersetzt. Ein breites Spektrum von zum Teil überraschend exotischen Sprachen steht zur Auswahl.

Das Internet ist in der globalen Kommunikation geradezu ein

Sesam-öffne-dich für Kontakte in alle Welt. Für den Austausch von Aussteigererfahrungen ist es wärmstens zu empfehlen! Besonders in der Vorbereitungsphase lohnt sich die Online-Suche nach Informationspartnern im Land Ihrer Träume ebenso wie der Online-Kontakt zu Rückkehrern hierzulande. Auch Partner für ein gemeinsames Projekt am gemeinsamen Wunschziel lassen sich im Internet ohne Umwege suchen und finden.

Weltweit wächst die Zahl der onlinefähigen Rechner dynamisch. Allein von 1995 auf 1996 hatte sie sich verdoppelt. In Deutschland hatten Anfang 1996, so das Institut der deutschen Wirtschaft, gerade einmal rund 500 000 Rechner Zugang zur weiten Welt der Online-Kommunikation. Am größten ist die Chance, daß Sie auf Ihrer gezielten Kontaktsuche Antwort aus Amerika erhalten. Denn nach einem Bericht der *Wirtschaftswoche* standen knapp zwei Drittel aller im Januar 1997 an das Internet angeschlossenen Computer in den USA – also rund zehn Millionen von weltweit mehr als 16 Millionen onlinefähigen Rechnern.

Die Beratungsagentur Network Wizards hat errechnet, daß in Deutschland Anfang 1997 nur acht Internet-Adressen auf 1000 Einwohner kamen. Zum Vergleich: In Finnland betrug zur selben Zeit die Quote 55 Internet-Adressen auf 1000 Einwohner. Andere Länder: Norwegen 38, USA 37, Australien 28, Schweden 27, Neuseeland 23, Kanada 21, Dänemark 21, Schweiz 19, Holland 18, Großbritannien 13 und Österreich 12 Internet-Adressen je 1000 Einwohner. Solche Quoten sind allerdings meist schon dann veraltet, wenn sie veröffentlicht werden: Die globale Gemeinschaft der Online-Verbundenen wächst schneller, als die Statistiker folgen können.

E-Mails von PC zu PC rund um die Welt werden dank des rasanten Wachstums der Computervernetzung immer wichtiger. An Schnelligkeit sind sie der traditionellen Papierfax-Kommunikation überlegen; und billiger als die Übertragung seitenlanger Papier-Faxe sind die »Briefe von Bildschirm zu Bildschirm« allemal.

Zweitens: der unkomplizierte Geldtransfer

Kreditkarten machen heute aus aller Welt den Zugriff auf das Konto in der Heimat leicht. Vor allem, wenn sich dieses Konto daheim durch Mieteinnahmen, Zinserträge, Renten, Beteiligungserlöse oder sonstige regelmäßige Geldeingänge immer wieder auffüllt, sind größere Anschaffungen im Zielland oft am besten mit der richtigen Kreditkarte abzuwickeln. Und auch kassieren können Aussteiger nahezu überall auf der Welt mit Hilfe des Plastikgeldes: Reservierungen für ihre Gästepension, ihre Ferienranch oder für ihre Segelschule werden durch Sicherung einer Anzahlungssumme vom Kreditkartenkonto ihrer Kunden verbindlich.
Als Bargeldquelle ist die eigene Kreditkarte dagegen nur bedingt tauglich: Weil die Kartenorganisation dann nicht ihre Prozente von einer sogenannten Akzeptanzstelle kassieren kann (also einem Ladengeschäft, einem Kaufhaus, einer Tankstelle oder einem Restaurant), zieht sie diese Prozente dem Kunden ab. Und damit kann sich, bei niedrigen Zinsen auf dem Konto im Heimatland, ganz schnell der Zinsertrag eines ganzen Jahres für die abgehobene Summe in Luft auflösen.
Innerhalb Europas machen *Euroschecks und EC-Karte* das Guthaben auf dem Heimatkonto noch leichter verfügbar. Und ganz schnell und unkompliziert klappt der Geldtransfer per *Telebanking,* bei dem Sie Ihre Überweisungsaufträge und sonstige Orders nach Nennung einer Geheimzahl oder eines

Kennworts telefonisch erledigen – ganz egal, wo Sie gerade sind. Auch das Internet wird von immer mehr Banken entdeckt. *Online-Banking* ermöglicht die Verwaltung des eigenen Kontos in der alten Heimat von jedem onlinefähigen PC irgendwo in der Welt – einschließlich Überweisungen, Depot- und Kontostandsabfragen.

Drittens: der weltweite Krankenversicherungsschutz

Krankenversicherung ist ein absolutes Muß auch für Aussteiger mit niedrigem Budget. *Private Krankenversicherungen* bieten meistens in ihren Vollversicherungstarifen die sogenannte Weltgeltung ohne Aufpreis an. Ganz wichtig: Dieser weltweite Schutz darf keine zeitliche Begrenzung haben. Wer nicht ohnehin privat, sondern gesetzlich krankenversichert ist, kann den weltweiten Versicherungsschutz durch eine *private Zusatzversicherung* erreichen. Auch hier ist Vorsicht vor der Zeitbegrenzung angebracht: Bei den billigsten Tarifen – um 20 Mark pro Person für ein ganzes Jahr für beliebig viele Reisen in alle Welt – beträgt die maximal versicherte Aufenthaltsdauer je Reise oft nur sechs Wochen. Ideal also für Urlauber, für Aussteiger dagegen denkbar ungeeignet.
Auch hier gilt: Die wachsende Konkurrenz unter den Krankenversicherern und die Zulassung von Versicherungsfirmen aus dem europäischen Ausland führen zu großzügigeren Konditionen und billigeren Tarifen. Von beidem sollten Sie profitieren. Da ständig neue Anbieter und neue Tarife auf den Markt drängen, empfehlen sich aktuelle Vergleiche in seriösen Medien, wie sie etwa die Zeitschriften *finanztest*, *test*, *Capital* oder *DM* regelmäßig durchführen. Besonders günstig schneiden in diesen Vergleichen einige der soge-

nannten Direktversicherer ab – also Unternehmen, die ohne teure Filialen und ohne Außendienstvertreter arbeiten. Damit sparen sie sich Mieten und Provisionszahlungen.
Leider nicht immer hundertprozentig neutral und objektiv sind die Preisvergleiche von Krankenversicherungs-Maklerbüros, die sich in ihrer intensiven Werbung oft das Image von unabhängigen Verbraucherschutzorganisationen geben. Schaden kann ein unverbindliches Vergleichsangebot bei solchen Firmen nie, so lange man nicht vergißt, daß sie am Abschluß eines Vertrages kräftig mitverdienen wollen.
Für viele europäische Länder bietet schon die deutsche *gesetzliche Krankenversicherung* einen ausreichenden Basisversicherungsschutz. Wer gesetzlich krankenversichert ist und sein Zielland in nicht allzuweiter Ferne gefunden hat, erkundigt sich am besten rechtzeitig bei seiner Krankenkasse nach den Modalitäten der Kostenübernahme im Ausland. Gegebenenfalls lohnt sich eine Ergänzung des Versicherungsschutzes durch eine private Zusatzversicherung. Teilzeitaussteiger, die dem medizinischen Standard in ihrem Zielland nicht so recht trauen und daher wichtige Behandlungen in der alten Heimat durchführen lassen, sind der gesetzlichen Krankenversicherung schon bestens bekannt. »Viele Menschen sind wie Zugvögel«, hat ein Vorstandssprecher des AOK-Bundesverbands beobachtet. »Im Sommer lassen sie sich in Deutschland behandeln, und im Winter ziehen sie wieder in den Süden zurück.«
Grundsätzlich Vorsicht geboten ist bei den *Reisekrankenversicherungen*, wie sie von Reisebüros und Reiseveranstaltern im Zusammenhang mit einer Buchung angeboten werden. Die Tarife dieser Firmen liegen meistens schon für eine einzige längere Urlaubsreise weit über den zuvor erwähnten Jahrestarifen privater Zusatzversicherer. Für Langzeitaussteiger sind sie in der Regel unerschwinglich.

Viertens: die Unabhängigkeit der Erbengeneration

Die Summe ist einfach atemberaubend: Vier Billionen Mark, so meldet die Zeitschrift *DM*, werden in Deutschland rund um die Jahrtausendwende vererbt. Allein in den alten Bundesländern werden in diesen Jahren 50 000 Menschen jeweils mehr als eine Million Mark erben.

Der vielzitierten Erbengeneration steht damit Kapital in noch nie dagewesener Höhe für eine unabhängige und flexible Lebensplanung zur Verfügung. Die Aufbaugeneration der Nachkriegszeit hinterläßt ihren Nachkommen Bares, Ausschüttungen aus Lebensversicherungen, Immobilien, Aktien und eigene Firmen.

Für die gigantische Kapitalübertragung in so kurzer Zeit gibt es plausible Gründe. Vor allem die Aufbaumentalität der älteren Generation hat dazu geführt, daß sie sich selbst wenig gegönnt hat, »damit die Kinder es einmal besser haben als wir«. Geprägt durch Krieg, Obdachlosigkeit und Hunger, war das Bedürfnis dieser Generation nach Absicherung der Familie ebenso groß wie der Glaube an eine bessere Zukunft für Kinder und Enkel. Also wurde massenhaft gebaut, verzichtet und gespart. Beim Bau wurde selbst mit Hand angelegt, verzichtet wurde auf Urlaub und unnötige Extras, und alles Ersparte wurde für die Kinder aufs Bausparkonto oder sonstwie auf die hohe Kante gelegt.

Für viele in dieser älteren Generation sind Genußorientierung und freiheitliche Selbstverwirklichung der Jüngeren bis heute Fremdwörter oder sogar unheimlich. Diejenigen also, deren Leben von Aufbau und Plackerei bestimmt war, »die halten ihr Geld zusammen und sparen und gehen lieber wandern, als in den Urlaub zu fliegen – nur damit die Kinder erben«, zitiert die *Süddeutsche Zeitung* den auf Erbschaften

und Testamente spezialisierten Notar Rüdiger von Castell aus München.
Die Generation der neuen Erben wiederum hat in ihrer Kindheit das entbehrungsreiche Rackern und Schuften der Eltern erlebt und ihrerseits oft daraus den Schluß gezogen, es selbst anders zu machen. Zwar erlebt der Notar Castell »sehr viele verantwortungsvolle Menschen, die ein Erbe als Verpflichtung erachten und es ungeschmälert, möglicherweise sogar vergrößert an die nächste Generation weitergeben wollen«. Aber die Zeiten sind heute eben anders: Der Glaube an eine bessere Zukunft ist weithin ins Wanken geraten.
Als Konsequenz daraus und aus anderen, etwa wirtschaftlichen Gründen bleiben viele Paare kinderlos. Für wen also aufbauen, für wen vorsorgen? Lieber doch selbst genießen, so lange es noch etwas zu genießen gibt! Und zu dieser Freiheit der Lebensgestaltung gehören eben auch die Freiheit der Entscheidung, etwas ganz Neues zu wagen – und die Selbstbestimmung, aus dem Alltagstrott auszusteigen.

Fünftens: die Freiheit der Singles

Wie in den meisten westlichen Gesellschaften werden auch in Deutschland die »Verantwortungsgemeinschaften« immer kleiner. Immer mehr Menschen sind hierzulande für immer weniger Angehörige mitverantwortlich. Die Folge: Die Unabhängigkeit des einzelnen wächst – und damit die Freiheit, das eigene Leben selbst zu bestimmen.
Was vor langer Zeit traditionell die Großfamilie leisten mußte – gegenseitige Absicherung, Vorsorge und Fürsorge füreinander –, haben längst Politik, Krankenkasse, Arbeitslosenversicherung, Unfallversicherungen, Pflegeversiche-

rung, Lebensversicherungen, karitative Organisationen und die Kirchen übernommen. Die familiäre Gemeinschaft, bestimmt von gegenseitiger Verantwortung und lebenslangen Verpflichtungen füreinander, paßt offenbar immer weniger in die Zeit der lockeren Lebensabschnittspartnerschaften.
In manchen deutschen Großstädten ist schon jede zweite Wohnung ein Ein-Personen-Haushalt. An der Spitze liegt München, wo im Jahr 1996 stolze 52,6 Prozent aller Wohnungen von Einzelpersonen bewohnt wurden. In Zahlen heißt das: In einer einzigen deutschen Stadt leben hinter 380 000 Wohnungstüren Menschen allein, ohne Familie, allenfalls besuchsweise in Gesellschaft eines Partners. Eine Umkehr dieses Trends ist nicht in Sicht. Im bundesweiten Durchschnitt – Dörfer und Kleinstädte also mitgerechnet – ist gegenwärtig schon etwa jeder dritte Haushalt ein Single-Haushalt.
Für Singles gilt noch mehr, was eben schon im Zusammenhang mit der Erbengeneration und den kinderlosen Paaren gefragt wurde: Für wen aufbauen? Für wen vorsorgen? Einen Single, der aussteigen will (und auch zwei Singles, die dies in einer losen Partnerschaft gemeinsam tun wollen), hält nichts und niemand davon ab.

Sechstens: die gesellschaftliche Toleranz

Als die große britische Zeitung *Sunday Times* unlängst ihre Leser fragte, welche Unternehmer sie am meisten bewundern, landeten zwei Konzernchefs auf den ersten Plätzen, die beide gern in Pullovern aus ungefärbter Schafwolle zur Arbeit gehen.
Am meisten bewundert wird demnach Richard Branson, Gründer und Lenker der milliardenschweren Virgin-Fir-

mengruppe, zu der unter anderem eine Fluglinie, mehrere Musik- und Modekaufhäuser und ein Versicherungsvertrieb gehören. Branson ist der Prototyp des Alternativ-Unternehmers: Er wohnte lange Zeit auf einem Hausboot auf einem Kanal in Amsterdam, will die Welt mit einem Heißluftballon umrunden (und wäre bei einem früheren Rekordversuch fast ums Leben gekommen), hatte seine Karriere als Schallplattenverleger mit schräger Rockmusik begonnen und verbringt einen Teil des Jahres auf seiner absolut naturbelassenen Privatinsel in der Karibik.

Nummer zwei in den Umfrageergebnissen ist Anita Roddick, die aus dem Nichts die ökologisch und sozial engagierte Naturkosmetik-Ladenkette »Body Shop« aufgebaut hat, mit eigenen Produktionsanlagen und mit Filialen in aller Welt. Ob im Amazonasregenwald oder in Indien: Ihr Body-Shop-Konzept will fair bezahlte Arbeit in armen Ländern schaffen und kostbare Natur behutsam nutzen, um deren Zerstörung zu verhindern. Anita Roddick hat den Ruf einer kämpferischen und mitunter knallharten Unternehmerin und zeigt sich gern in alternativer Kleidung.

Ein solches Umfrageergebnis wäre noch vor zwanzig Jahren undenkbar gewesen. Heerscharen steifer Schlipsträger in grauen Anzügen hatten schließlich lange genug das Bild vom seriösen Geschäft geprägt. Und nun wird plötzlich der Bruch mit Normen und Konventionen bewundert, zusammen mit Individualität, Weltläufigkeit und globalem Verantwortungsbewußtsein. Starre Schemen und der Zwang zu konventionellen Äußerlichkeiten lösen sich auf: Auch Bill Gates, als Microsoft-Milliardär der vermutlich reichste Amerikaner, legt demonstrativ keinen Wert auf gute Kleidung und geputzte Brillengläser.

In einem solchen Klima sind lockere Selbstentfaltung und ein freierer Lebensentwurf nichts Unrühmliches mehr. Die

gesellschaftliche Toleranz gegenüber individuellen Alternativen ist enorm gewachsen. Und immer mehr Menschen wird bewußt, daß Alternativen heute viel leichter woanders zu realisieren sind als hierzulande.
Die deutsche Nachkriegs-Aufbaugeneration hatte dagegen noch Chancen nutzen können, die sich im eigenen Land geboten haben. Das ist heute radikal anders: Der Kuchen ist aufgeteilt. Wer hat, der hat. Und wer nichts hat, hat es immer schwerer, es zu was zu bringen. Nur in der Zeit nach der deutschen Vereinigung geriet das verkrustete Gefüge noch einmal kräftig durcheinander. Wieder wurden Chancen genutzt oder verpaßt, wieder wurde umverteilt, gab es Gewinner und Verlierer. Seitdem geht aber die Spaltung der Gesellschaft immer weiter voran. In Deutschland, so der Jugendforscher Klaus Hurrelmann von der Universität Bielefeld, nimmt »die Polarisierung zwischen Arm und Reich in beängstigendem Maße und in hohem Tempo zu. Das untere Fünftel der Bevölkerung rutscht allmählich in die Verarmung ab, das obere Fünftel lebt im Wohlstands-Schlaraffenland.« In diesem oberen Fünftel hat sich die Zahl der deutschen Vermögensmillionäre in weniger als 15 Jahren glatt verdoppelt – auf 950 000 im Jahr 1996. Der Ausstieg ins Ausland ist für alle eine Perspektive: für das reichste Fünftel, weil es sich Zweitwohnsitze woanders problemlos leisten kann. Und für die anderen, weil Fluchtpunkte im Ausland ihnen ein besseres Leben versprechen als hierzulande.

Siebtens: der Trend zu flexibleren Jobs

Die Organisation von Arbeit und die Vermittlung von Arbeitsplätzen haben sich in jüngster Zeit geradezu revolutionär verändert. Eine stetig wachsende Zahl kommerzieller

Zeitarbeitsagenturen vermittelt zeitlich begrenzte Jobs – oft zur Überbrückung von saisonalen Engpässen in den Unternehmen. Ein Zeitarbeitnehmer hat einen festen Angestelltenvertrag mit der Agentur, die ihn aber nicht selbst beschäftigt, sondern »ausleiht« – ihn also an wechselnde Unternehmen je nach deren Bedarf vermittelt.

Im Jahr 1986 hatten erst rund 70 000 Beschäftigte bei Zeitarbeitsfimen in Deutschland gearbeitet. Zehn Jahre später waren es bereits knapp 178 000. Schon bis zum Jahr 2003 soll sich nach Schätzungen der Branche der Anteil der Zeitarbeiter an der Gesamtheit aller Beschäftigten in Deutschland verdreifachen. Aber sogar mit dieser rasanten Zunahme befristeter und flexibler Jobs würde Deutschland noch weit hinter den USA, Großbritannien, Frankreich und den Niederlanden hinterherhinken. In Großbritannien ist schon jetzt jeder dreißigste Arbeitsplatz ein Zeitarbeitsjob; bis 2003 soll es dort jeder zwanzigste sein.

Zeitarbeit erscheint, so eine Analyse der Zeitung *Die Woche*, »wie eine Vorstufe zur Arbeitswelt von morgen, in der lebenslange Beschäftigung in einem Betrieb passé sein wird. Zeitarbeiter genießen zwar die Sicherheit eines festen Vertrages, doch sie arbeiten immer auf dem Sprung von einem Projekt zum nächsten.« Durchaus angenehme Perspektiven also für Teilzeitaussteiger und Projektpartner, die sich im Zielland wie auch hierzulande für jeweils einige Monate abwechseln.

Auch bei den Jobs, die ganz konventionell von den Arbeitsämtern vermittelt werden, hat der Anteil der befristeten Stellen enorm zugenommen – in erster Linie sicher aufgrund der unsicheren Wirtschaftslage. Nach Angaben des Deutschen Gewerkschaftsbundes war 1996 jeder zweite Arbeitsplatz, der durch die Vermittlung von Arbeitsämtern besetzt werden konnte, befristet. So deprimierend die Ursa-

chen für diese Entwicklung auch sein mögen: Sie belegt einmal mehr, daß es mit der schmalspurigen Ausrichtung auf den »Job fürs ganze Leben« nicht mehr getan ist.
Schließlich stehen Schlagworte wie »Job-sharing« und »Arbeitszeitkonto« für den Trend zu immer flexibleren Arbeitszeitregelungen hierzulande. Ein solches Zeitkonto, das eine Firma für jeden einzelnen Mitarbeiter führt, gleicht sich durch »Einzahlungen« und »Abhebungen« von Arbeitszeit erst im langjährigen Schnitt wieder aus. Dahinter steckt zwar in erster Linie das Ziel von Unternehmern, ihre Betriebe flexibler auf saisonale oder anders begründete Schwankungen des Absatzes einzustellen. Den Vorteil hat aber durchaus auch der Mitarbeiter: Für Teilzeitaussteiger etwa, die im Zielland ein gemeinschaftliches Projekt im Wechsel mit Partnern aufziehen wollen, steckt in solchen Modellen eine fantastische Chance.
Sogar die flexiblere Gestaltung der gesamten Lebensarbeitszeit ist kein Tabu mehr. Was bis vor kurzem nur als theoretisches Modell von Wirtschaftswissenschaftlern diskutiert wurde, greifen inzwischen immer mehr Unternehmen praktisch auf. So beschäftigt sich in der zentralen Personalabteilung von Siemens in München eine Arbeitsgruppe mit der Gestaltung von Lebensarbeitszeitkonten. Bei voller Gehaltszahlung, so erläutert ein Siemens-Sprecher, könne man nach diesem Modell sein Arbeitszeit-»Guthaben« mit bis zu einem ganzen Jahr »Auszeit« wieder ausgleichen.
Ein solches voll bezahltes Aussteigerjahr läßt sich ideal nutzen, um vor Ort im Zielland einzuschätzen, ob der eigene Lebensentwurf dort realistisch umzusetzen ist. Sollte tatsächlich alles schiefgehen, ist die Rückkehr nach Hause an den alten Arbeitsplatz garantiert – und ebenso garantiert ist man um eine wichtige Lebenserfahrung reicher.

Achtens: das Kapital des goldenen Handschlags

Abfindungszahlungen und Sozialpläne sind in der wirtschaftlichen Krisensituation hierzulande an der Tagesordnung. Fast immer, wenn Politiker und Unternehmer ihr Heil in der Verschlankung von Betrieben und in der Kostensenkung suchen, meinen sie Entlassungen und Abfindungszahlungen, also den »goldenen Handschlag« auch für erfahrene, langjährige Mitarbeiter. Beides, das »Abschiedsgeld« ebenso wie das berufliche Know-how, läßt sich in einen Neubeginn woanders hervorragend investieren.

Neuntens: das grenzenlose Europa

Immer weiter dehnt sich die Europäische Union aus, immer neue Länder beantragen, in den Staatenbund aufgenommen zu werden. Damit können Aussteiger auch in immer mehr Regionen Europas die Vorteile der EU nutzen: die Aufenthaltserlaubnis, die die Niederlassungsfreiheit gewährt, die Arbeitserlaubnis in den EU-Staaten sowie grundsätzlich auch den Erwerb von Immobilien (den einige einzelstaatliche Gesetze und Verordnungen allerdings immer noch einschränken).

Auch ein deutscher *Bausparvertrag* kann zur Finanzierung einer Immobilie in einem EU-Staat verwendet werden – ganz gleich, ob das ein Grundstück, ein Haus, ein kleiner Gewerbebetrieb oder ein Aussteigerbauernhof ist. Steuervorteile können dabei allerdings verlorengehen. Und deutsche *Arbeitsämter* erstatten unter bestimmten Voraussetzungen Arbeitslosen und ihren Familien sogar die Reisekosten zur Aufnahme einer angestellten Tätigkeit innerhalb Europas. Außerdem können sie in bestimmten Fällen auch Um-

zugskosten innerhalb Europas erstatten und Überbrückungsbeihilfen zahlen.
Natürlich läßt sich keine direkte Parallele zwischen den USA und Europa ziehen. Zu groß sind die kulturellen, geschichtlichen und sprachlichen Unterschiede innerhalb Europas. Dennoch: In den USA ist es längst selbstverständlich, aus dem mexikanisch geprägten San Diego ins skandinavisch beeinflußte Minnesota umzuziehen oder aus dem Mormonen-Staat Utah ins kubanisch orientierte Miami. Ähnlich selbstverständlich wird es in nicht allzu ferner Zukunft für Europäer sein, von Frankfurt nach Lissabon oder von London nach Stockholm zu wechseln. Schon jetzt zieht es jeden zweiten deutschen Auswanderer dauerhaft an ein Ziel innerhalb Europas: Etwa 65 000 Deutsche haben sich allein im Jahr 1995 fest in einem anderen europäischen Land angesiedelt.

Zehntens: der anhaltende Reiseboom

Alljährlich aufs neue bestätigen die Reiseanalysen der Tourismusforscher den Trend zu immer neuen, immer exotischeren Reisezielen der Deutschen. Und in schöner Regelmäßigkeit werden aus den neu entdeckten Reisezielen einige Jahre später die Ziele der nächsten Aussteigerwelle. Es begann in den 50er Jahren mit den Ländern Südeuropas, gefolgt von den Kanarischen Inseln, Nordamerika und Skandinavien. Später erweiterte sich der Radius auf die Karibik, Asien, Lateinamerika, Australien und Afrika. Man lernt die Welt kennen, findet womöglich sein Traumland und knüpft dort die ersten Kontakte, die den Gedanken ans Auswandern und Aussteigen konkreter reifen lassen.

Elftens: internationale Ehen und Partnerschaften

Als Folge des Reisebooms findet man Freunde auf der Welt so leicht wie nie zuvor. Und nicht jeder Ferienflirt muß mit der Abreise aus dem Urlaub enden: Ehen und Partnerschaften mit Ausländern sind längst zur Selbstverständlichkeit geworden. Auch Mitarbeiter ausländischer Firmen, die aus der ganzen Welt nach Deutschland entsandt werden, und Bürger aus anderen EU-Staaten, die hierzulande problemlos eine Arbeit aufnehmen können, verstärken den Trend zu multikulturellen Lebensgemeinschaften.

Wer seinem deutschen Alltag adieu sagt, um mit dem ausländischen Partner in dessen Heimatland umzusiedeln, hat dort gegenüber anderen Aussteigern einen enormen Startvorteil: Der Partner hat schon im voraus ein realistisches Bild von den Lebensverhältnissen in seiner Heimat vermitteln können, ein Netz wichtiger sozialer Kontakte zu Freunden und Verwandten ist schon geknüpft, und bürokratische Hürden ebenso wie Sprachbarrieren lassen sich leichter überspringen. Als Nachteil erweist sich mitunter die Abhängigkeit von diesen Strukturen: Wer sich nicht so verhält, wie es Familie und Freunde des Partners erwarten, ist unversehens isoliert und wird von mehr Menschen gemieden, als wenn er sich unabhängig seine neue Heimat erschlossen hätte.

Zwölftens: Globalisierung von Moden, Musik, Marken und Medien

Das »globale Dorf«, von dem populäre Propheten schon seit den 60er Jahren reden, ist Wirklichkeit geworden: Überall in diesem Dorf, überall auf der Welt also, findet sich Vertrautes aus dem eigenen »Haus«. Die großen globalen Marken, von der Cola übers Auto und die Jeans bis zum CD-Player und der Zigarette, sind auch dort zu Hause, wo man sich neu niederläßt. Dieselben neuen Hits in den Radiostationen in aller Welt, dieselben Moden, dieselben Medien – vom neuesten amerikanischen Kinofilm bis zum Nachrichtensender CNN: Ein Stück Vertrautheit empfängt einen Aussteiger auch in den entlegenen Ecken der Erde. Wer bei seiner Ankunft erschöpft ist von all den verwirrenden und fremden Eindrücken, wird sich vielleicht gern auf den vertrauten Hamburger beim wohlbekannten McDonalds einlassen (es sieht ihn ja niemand ...), ja: er wird das weltweit immer gleiche Design der Burger-Kette als vertrautes Stück Heimat in der Fremde empfinden. Und schließlich ist auch gleich Gesprächsstoff da, wohin man auch kommt: über die Mode, Marken und Musiktrends, die man überall kennt und über die man überall diskutieren kann.

GLOBALISIERUNG ALS CHANCE
Was die Wirtschaft kann, können Sie auch!

Das westliche Mitteleuropa zittert vor einem Schlagwort wie das Kaninchen vor der Schlange: Globalisierung. Kein anderer Begriff soll Angestellte, Arbeiter und Selbständige hierzulande mehr einschüchtern als die Vision von den Heerscharen der Billigstarbeiter weltweit, die uns die Arbeit wegnehmen und unseren Staat in den Ruin stürzen.
Allenthalben verbreitet das Wort von der Globalisierung Verunsicherung. Und das auch deshalb, weil Wirtschaft und Politik zwar eifrig den weltweiten, uneingeschränkten Austausch von Waren, Dienstleistungen und Kapital gefördert haben, aber offenbar nicht so recht sehen wollen, daß auch Menschen Grenzen überwinden können. Das wird höchstens dann ein Thema, wenn es gilt, die Zuwanderung von Ausländern zu regulieren. Daß aber Deutsche dort bleiben, wo sie sind, und daß sie sich hier alles bieten lassen, was man ihnen zumutet, scheint für Politiker und Wirtschaftsstrategen selbstverständlich. Ein schwerer Denkfehler!
Politik und Wirtschaft haben es herausgefordert: Arbeit wandert dahin, wo sie für (deutsche und andere) Unternehmen billiger ist als daheim. Investiert und produziert wird dort, wo die Kosten und Steuern niedriger sind als in Deutschland. Was aber Politik und Wirtschaft immer noch übersehen: Ebenso selbstverständlich werden künftig auch immer mehr Menschen einfach dorthin gehen, wo das eigene Haus nur die Hälfte kostet, die Heizkostenrechnung niedriger ist, wo gesundes Obst und Gemüse aus dem billigst erworbenen

eigenen Garten gar nichts kosten und womöglich das Meer vor der Tür liegt.
Nicht nur Produktionsanlagen und Geld für Investitionen, sondern auch Menschen aus der Mitte Europas werden immer mehr dorthin wandern, wo das Klima für sie angenehmer ist – ein Begriff, den Konzernchefs doch so gern und so süffisant verwenden, wenn sie die Abwanderung ins Ausland begründen. Wer soll diese Menschen halten? Die Zeit der nationalstaatlichen Denkmuster ist vorbei (wie es in den Festtagsreden immer wieder heißt). Keine Grenze stellt sich denen in den Weg, die einfach nicht mehr bereit sind, hierzulande die Suppe auszulöffeln, die andere ihnen eingebrockt haben.
Drehen Sie also den Spieß um! Wenn Sie aussteigen wollen, ist die Globalisierung für Sie kein Schreckgespenst, das Ihnen angst machen kann. Dann ist die Globalisierung Ihre Chance. Sie können der Wirtschaft und der Politik sogar dankbar sein dafür, daß sie die Tore aufgestoßen haben, durch die Sie nun selbst gehen können. Sie gehen nur konsequent den nächsten Schritt: Den ersten machte die Wirtschaft – den zweiten machen Sie!
Mit diesem Selbstbewußtsein durchbrechen Sie die Spirale der politischen Lähmung und der allgemeinen Ratlosigkeit hierzulande. Es ist schon wahr: Vor der Globalisierung kann niemand weglaufen. Sie ist nicht rückgängig zu machen; der Trend zur Weltgesellschaft ist nicht umkehrbar. Entscheidend ist nur, auf welcher Seite Sie stehen: ob Sie mit der Globalisierung gewinnen oder mit ihr verlieren wollen.
Verlieren werden Sie, wenn Sie hierbleiben. Kein kluger Kopf im ganzen Land weiß einen Weg, wie Deutschland ohne mehr Verzicht der Bürger, in welcher Form auch immer, die Zukunft meistern könnte. Wie diese Zukunft hierzulande aussieht, zeichnet sich jetzt schon ab:

- In nur zwei Jahren, von 1997 bis 1999, schaffen deutsche Unternehmen nach Berechnungen des Deutschen Industrie- und Handelstages (DIHT) rund 300 000 neue Arbeitsplätze im Ausland. Die gigantischen Geldsummen zum Aufbau dieser Arbeitsplätze werden dem deutschen Wirtschaftskreislauf entzogen. Und: Mehr Arbeitsplätze im Ausland heißt weniger Arbeitsplätze hier. Weniger Arbeitsplätze hier heißt weniger Steuereinnahmen für den Staat und weniger Kaufkraft der Bürger. Weniger Kaufkraft der Bürger heißt weniger Absatz von Produkten. Weniger Absatz von Produkten heißt weitere Drosselung der Produktion, also weiterer Abbau von Arbeitsplätzen. Politiker, die angesichts dieser verhängnisvollen Spirale noch gut schlafen können, brauchen eiserne Nerven.
- Allein ein Wirtschaftsriese wie Siemens hat in nur drei Jahren, von 1993 bis 1996, etwa 35 000 Arbeitsplätze in Deutschland abgebaut, in derselben Zeit aber im Ausland ungefähr 23 000 Stellen neu geschaffen. Ab 1998 beschäftigt Siemens mehr Menschen im Ausland als im Inland. Andere Branchen, allen voran die deutsche Autoindustrie und die Chemiebranche, setzen alle Hebel in Bewegung, um es so schnell wie möglich Siemens gleichzutun.
- Auch der letzte Hoffnungsstrohhalm, an dem sich die Wirtschaftspropheten bis zuletzt klammerten, ist nun weg: die Hoffnung nämlich, daß wenigstens die hochqualifizierten Stellen in Forschung und Entwicklung hierzulande verbleiben werden. Technologischer Fortschritt, geschützte Patente, profitabler Export von Know-how in andere Länder zur dortigen (billigen) Produktion waren die Wunschbilder hinter dieser Hoffnung. Wieder Fehlanzeige: Allein in der ersten Hälfte der 90er Jahre sind etwa 40 000 Forscher-Jobs in Deutschland abgebaut worden. Mehr als jeder zehnte Forscher mußte damit in die-

sen fünf Jahren seine Arbeit hierzulande an den Nagel hängen. Selbst der technologische Fortschritt ist eben woanders günstiger zu haben: im Süden Indiens etwa, wo allein in der Stadt Bangalore drei Universitäten und 14 Ingenieur-Hochschulen locker deutsches Niveau erreichen – und wo ein Software-Entwickler rund 800 Mark im Monat verdient. Das ist ein Zehntel dessen, was ein gleichwertiger Job in Deutschland kostet. Etliche indische Experten arbeiten (wen sollte es wundern?) für Siemens.

- Immer mehr Produkte unseres täglichen Lebens kommen aus den entlegensten Ecken der Welt. Dank der Abschaffung von Zollschranken im GATT-Welthandelsabkommen verdrängen Äpfel aus Argentinien, Birnen aus Chile, Lammfleisch aus Neuseeland, Blumen aus Kolumbien, Kartoffeln aus Ägypten, Garnelen aus Thailand, Weine aus Südafrika sowie hormongespritztes Rindfleisch und genmanipulierter Mais aus den USA die heimischen Produkte aus den Supermarktregalen. Trotz enormer Entfernungen machen Billiglöhne in den Herkunftsländern den Transport immer noch profitabel. Das Nachsehen haben die hiesigen Bauern, Gärtner, Winzer und Fischer, aber auch die Umwelt wegen des zunehmenden Schiffsverkehrs, also Tausenden von Tonnen mehr Dieselverbrauchs pro Tag und höherem Kollisionsrisiko auf den Weltmeeren.

Der ganz normale Steuerzahler hierzulande, der kein Vermögen in Aktien der gewinnbringend im Ausland aktiven deutschen Firmen investieren kann, ist der Dumme. Erstens bezahlt er mit seinen Steuern brav die Forschung dieser Firmen, die ja zum großen Teil vom deutschen Forschungsministerium finanziert wird. Zweitens bezahlt er dann das Arbeitslosengeld für die von denselben Firmen hier entlassenen Arbeitnehmer. Und drittens wird er wahlweise mit Steuererhöhungen oder Kürzungen staatlicher Leistungen bestraft, weil ebendiese Unternehmen selbst ein immer größeres Loch in die hiesige Staatskasse reißen: Sie zahlen in Deutschland so gut wie keine Steuern mehr. Allenfalls an ihren neuen Produktionsstandorten in den Billigländern führen sie ein paar Steuern ab – sofern sie dort nicht als Dankeschön für die neuen Arbeitsplätze wiederum von der Steuer befreit werden.

Da mag selbst der Bundespräsident schimpfen: »Ein Unternehmen, das in Deutschland seine Produktionsstätten und seine Arbeitsplätze abbaut und fast keine Steuern bezahlt, das erkenne ich nicht mehr als deutsches Unternehmen«, so Roman Herzog. »Und entsprechend ist dann auch meine Neigung, mich dafür einzusetzen.« Gut gebrüllt, Löwe – aber was wird es bewirken?

Der Mehrheit von Herzogs Politikerkollegen fällt nichts anderes ein, als treuherzig an die Solidarität der Bürger und Steuerzahler zu appellieren: Alle müßten den Gürtel enger schnallen und Opfer bringen, um gemeinsam aus der Talsohle zu kommen. Wenn Sie sich so etwas nicht länger anhören wollen und lieber ins Ausland gehen, müssen Sie sich kein schlechtes Gewissen einreden lassen. In einer Welt, in der Online jede Minute Millionen über alle Grenzen zu lukrativeren Zinsquellen verschoben werden, ist die Entfaltung Ihres besseren Lebensentwurfs im Ausland absolut nichts Verwerfliches.

Heuchlerisch und niederträchtig ist es daher, wenn ausgerechnet die Wirtschaft und die Wirtschaftsmedien über den Verlust von Milliarden-Kaufkraft lamentieren, die mit den Abwanderern ins Ausland verschwindet. Schon müssen sich ältere Leute, die jahrzehntelang in Deutschland gearbeitet,

Steuern gezahlt und mit ihrem Konsum Arbeitsplätze finanziert haben, in einem Wirtschaftsmagazin als »millionenschwere Kukident-Fraktion« beschimpfen lassen, die sich »an der Costa del Sol vergnügt«.

Haben diese Spötter etwa vergessen, daß es die Wirtschaft ist, die die älteren Leute hierzulande verstößt? Daß schon die über 50jährigen in Medien, Marketing und Werbung nur als Störfaktoren gesehen werden, derer man sich schnellstmöglich entledigen will? Neue Produkte, neue Fernsehsendungen, neue Zeitschriften: Alle wollen sie möglichst junge Käufer, Zuschauer, Leser.

Zynisch und arrogant erklären hochbezahlte Marketingstrategen allenthalben, wie sie die »Gruftie-Quoten« eines TV-Senders zu drücken beabsichtigen oder mit »jungen Markenprofilen« das Bier einer Traditionsbrauerei zum jugendlichen Szene-Drink ummanipulieren. Konsequenz: Auch das gemütliche Lokal um die Ecke (das derselben Brauerei gehört) wird kurz »wegen Renovierung geschlossen« – und eröffnet neu als coole Szene-Bar. Zug um Zug, Produkt um Produkt verlieren die Älteren ihre Heimat.

Und da wundern sich diese Herren der Marketingkunst allen Ernstes darüber, daß ihnen die Kaufkraft davonläuft und sich souveräne Senioren nicht noch weiter erniedrigen lassen? Daß sie dahin gehen, wo man freundlicher mit ihnen umgeht und wo es sonniger ist? Trude Unruh, Vorsitzende des Seniorenschutzbundes »Graue Panther«, wurde gegenüber der *Wirtschaftswoche* sehr deutlich: »Hier will man uns doch nur demütigen. Altsein wird verteufelt. Im Süden werden wir dagegen nicht als Kostgänger, sondern als Könige betrachtet. In Spanien werden wir geachtet, weil wir Geld bringen.«

Viele wollen eben einfach noch nicht wahrhaben, daß die ganze Welt auf Wanderschaft ist. Im Jahr 1970 hatten nur 39

Staaten einen nennenswerten Ausländeranteil in ihrer Beschäftigungsstruktur – also mindestens einen Ausländer auf hundert Arbeitnehmer. 25 Jahre später traf das schon auf 67 Staaten zu. Die höchsten Ausländeranteile in ihrer Bevölkerung, mehr als 20 Prozent, haben die traditionell dünn besiedelten Erdölförderländer des Nahen Ostens sowie Australien und Südafrika. In Kanada und Singapur sowie in den US-Bundesstaaten Kalifornien, Texas, Florida und New York ist immerhin noch mehr als jeder zehnte Einwohner ein Ausländer.

Wenn auch Sie gehen, sind Sie noch lange kein Drückeberger oder jemand, den man früher einen »vaterlandslosen Gesellen« nannte. Sie machen hier immerhin womöglich einen Arbeitsplatz frei, vielleicht sogar dauerhaft eine Wohnung, Ihr Auto verstopft hier keine Straßen und Parkplätze mehr, und Sie liegen dem Staat nicht auf der Tasche. Statt dessen können Sie, mit dem richtigen Projekt und einer guten Idee, im Zielland Ihrer Träume durchaus ein paar Arbeitsplätze schaffen, eine arme Familie ernähren, Bauarbeiter beschäftigen und der Wirtschaft eines Dorfes helfen, indem Sie alles für den täglichen Bedarf dort einkaufen.

Sehr verallgemeinert betrachtet, wird ja die Globalisierung dazu führen, daß sich die Extreme des Lebensstandards zwischen Arm und Reich auf der Welt annähern. Der Wegfall von Grenzen, von Zollschranken und von Hindernissen bei Kommunikation, Online-Wissenstransfer und Geldverkehr muß es zwangsläufig mit sich bringen, daß der Aufschwung vornehmlich in Entwicklungsländern und sogenannten Schwellenländern stattfindet. Dort entwickelt sich wirtschaftliche Dynamik, und dort haben die Menschen allen Anlaß, von der Zukunft eine Verbesserung ihrer Lebensverhältnisse zu erwarten.

Hierzulande dagegen resultieren Frust und Ratlosigkeit aus

der nur allzu begründeten Einsicht, daß sich Lebensstandard und Sozialsystem wohl nicht auf dem gewohnt hohen Niveau werden halten lassen. Für Deutschland und das westliche Mitteleuropa bedeutet die zu erwartende globale Annäherung der Extreme zwischen Arm und Reich schlicht und einfach, daß wir hier auf lange Sicht zurückstecken müssen.

In dieser Situation haben Sie die Wahl. Sie selbst können entscheiden zwischen einem Verharren in einer negativ gestimmten, von Ängsten und Zaudern geprägten Umgebung einerseits und andererseits einem Leben woanders – in einem Land Ihrer Wahl, in dem Sie sicherlich noch viel Unbefriedigendes erwartet, in dem die Menschen aber mit mehr Optimismus in die Zukunft blicken.

RAUS AUS DER FRUST-SPIRALE

Vor was wollen Sie weglaufen?

Erinnern Sie sich noch an die alten Wochenschauen? Für unsere heutigen Ohren klingen ihre schmetternden Fanfarenstöße grell, gräßlich und militaristisch – aber sie signalisierten zumeist Aufbruch, Dynamik und Optimismus. Die allermeisten Nachrichten waren positiv: Da winkten beim Staatsbesuch der Queen Kinder im Hamburger Hafen der königlichen Yacht entgegen, da wurde dem Wirtschaftswunder gehuldigt mit Richtfesten für neue Arbeitersiedlungen und der Eröffnung neuer Fabriken, erstmals landete ein Mensch auf dem Mond, die erste Herzverpflanzung gelang, und das millionste Auto lief vom Band. Nahezu grenzenloser Zukunftsglaube fand immer neue Nahrung in den Nachrichten und prägte die zuversichtliche Befindlichkeit der Nachkriegs-Aufbaugeneration.
Dagegen eine Nachrichtensendung heute: Bis auf vereinzelte Sporterfolge gibt es wochenlang nichts zu jubeln. Lebensmittelskandale, Rentenkürzungen, Ozonloch, Arbeitslosigkeit, Giftmülltransporte, Risiken von Atomlagern, politische Kapitulationen vor wirtschaftlicher Übermacht und ganz allgemein die lähmende Ratlosigkeit der Politik dominieren die Meldungen. Teilnahmslose Resignation und zynische Endzeitstimmung verbreiten sich angesichts der Dauerberieselung mit Negativnachrichten immer mehr.
Schon bei älteren Kindern, die »teilweise hervorragend über politische Zusammenhänge des Weltgeschehens informiert sind«, geht »ein hohes Maß an Information mit einem hohen Maß an Nachdenklichkeit« einher, wie der Wissenschaftler

Klaus Hurrelmann vom Zentrum für Kindheits- und Jugendforschung in Bielefeld beobachtet hat. Anzeichen für eine Umkehr dieses Trends sind nicht in Sicht. Als Barometer für die Stimmungslage hierzulande sieht Hurrelmann die 14- bis 18jährigen Jugendlichen. In dieser Altersgruppe nämlich, die sich ja eigentlich auf die Übernahme von Verantwortung und aktive Mitgestaltung der Gesellschaft vorbereiten sollte, sieht der Jugendforscher die Gefahr einer »massenhaften inneren Republikflucht« heranwachsen.
Die alarmierenden Ergebnisse einer Umfrage des Forsa-Instituts im Auftrag von Greenpeace haben Anfang 1997 diese Einschätzung belegt. Danach machen sich vier von fünf Jugendlichen Sorgen um die Zukunft. Mehr als jeder zweite fürchtet, daß die Erwachsenen ihnen unlösbare Probleme hinterlassen. Und nur jeder achte Jugendliche vertraut den Politikern, jeder zweite dagegen hat Vertrauen zu Greenpeace.
In diesen Ergebnissen steckt Sprengstoff. Immer lauter werden die Schuldzuweisungen an die Älteren, insbesondere an das Establishment der älteren Politiker. Ein *Spiegel*-Titelthema hat unlängst offen gefragt, ob die Alten die Jungen »ausplündern«. Und nicht nur bei der Debatte um die Rentenfinanzierung wird Politikern offen unterstellt, mehr um den Erhalt ihrer eigenen Macht (und damit um den Ausbau ihrer eigenen Altersvorsorge) besorgt zu sein, als um das Wohl aller Generationen. Wenn nun das Mißtrauen der heutigen Jugendlichen in wenigen Jahren die Wahlen (und sei es auch dadurch, daß sie sich an ihnen demonstrativ nicht beteiligen) sowie Bürger- und Volksentscheide bestimmen wird, droht der hiesigen Gesellschaft eine Zerreißprobe bisher unbekannten Ausmaßes.
Vor diesem Hintergrund ist zu erwarten, daß Frust als Motiv zum Aussteigen und Auswandern weiter zunehmen wird.

Wer allerdings aus einer diffusen »Jetzt reicht's«-Stimmung heraus alles hinwirft und Hals über Kopf nach der ersten Möglichkeit greift, die sich jenseits der Grenzen bietet, riskiert, daß seine Erwartungen auch dort enttäuscht werden. So berechtigt Frustgefühle auch sein mögen: Mit ihrer Analyse beginnt jeder erfolgversprechende Prozeß der Selbstüberprüfung, den sich kein Ausstiegswilliger ersparen sollte. Vor was oder vor wem also wollen Sie davonlaufen?

Job-Frust

Einer unlängst veröffentlichten Studie an der Fachhochschule Köln zufolge haben 92 Prozent der Beschäftigten in Deutschland Angst um ihren Job. 64 Prozent fühlen sich überfordert, 46 Prozent befürchten Schwierigkeiten wegen ihrer Gesundheit und 39 Prozent wegen ihres Alters. Ebenfalls 39 Prozent sehen ihren Arbeitsplatz durch Kollegen bedroht: Konkurrenzangst also, die krank machen kann und die mit fortschreitendem Arbeitsplatzabbau noch weiter zunehmen dürfte. Die eben zitierte Forsa-Umfrage hat ergeben, daß schon bei Jugendlichen die berufliche Unsicherheit auf Platz eins aller Problemfelder rangiert – noch vor den weit verbreiteten ökologischen Problemen.
Wer selbst direkt von Arbeitslosigkeit bedroht ist und aufgrund seines Alters oder wegen seiner – künftig vielleicht weniger gefragten – Qualifikation schlechte Vermittlungschancen für einen neuen Job befürchten muß, hat mehr Anlaß, Alternativen im Ausland ins Auge zu fassen als andere. Aber auch diejenigen, deren Arbeitsplätze sicher scheinen, sehen sich verstärktem Druck ausgesetzt: durch den Zwang zu immer schnellerem Hinzulernen etwa oder durch den mehr oder weniger offen ausgesprochenen Hinweis, daß

schließlich genug andere, jüngere oder billigere Interessenten vor der Tür stünden, die sofort die eigene Arbeit übernehmen würden.

Erfolgsdruck und Versagensängste quälen zunehmend auch Führungskräfte in der Wirtschaft und sogar Unternehmer, deren Firmen in der wirtschaftlichen Flaute hierzulande trotz mühsamer Plackerei bis tief in die Nacht über Jahre haarscharf am Konkurs entlangsegeln. Auch ihnen stellt sich immer öfter die Sinnfrage nach dem Preis, den sie für das bloße Überleben eines Geschäftsbetriebs zahlen müssen.

Ein solches Klima kann sensible Menschen auf Dauer mürbe machen. Ihr Selbstwertgefühl kann sich allzuleicht auf die Einschätzung ihres »Gebrauchswertes« in der Arbeit reduzieren; daraus resultierende Selbstzweifel und psychosomatische Gesundheitsstörungen sind so weit verbreitet wie noch nie zuvor. Wer das darin schlummernde Gefahrenpotential für sich selbst erkennt, kommt nicht umhin, sich so rasch wie möglich mit seinem Lebenspartner sowie in einer der vielen Beratungsstellen (die von der »Informationsstelle für Auslandstätige und Auswanderer« in Köln koordiniert werden) und vielleicht auch mit einem Arzt seines Vertrauens offen und gründlich über einen alternativen Lebensentwurf im Ausland auszusprechen.

Wer allerdings sein Leben im Aussteigerzielland wiederum mit angestellter oder sonstwie abhängiger Arbeit finanzieren muß, sollte die dortigen Arbeitsbedingungen zuvor genauestens unter die Lupe nehmen. Löhne und Gehälter, Kündigungsschutz, Urlaubsanspruch und Sozialversicherungsschutz liegen oft weit unter dem deutschen Standard.

Ein bekanntes Dilemma fand in einer Untersuchung des Umweltbundesamtes von 1996 neue Bestätigung: die Kluft zwischen der Erkenntnis eines Problems und dem eigenen Handeln. 64 Prozent der Befragten in den westlichen Bundesländern und 67 Prozent im Osten meinen demnach, »daß wir auf eine Umweltkatastrophe zusteuern, wenn wir so weitermachen wie bisher«. Genau das aber, weitermachen wie bisher, wollen scheinbar paradoxerweise die meisten der Befragten in derselben Umfrage: »Die Bereitschaft zur Verhaltensanpassung«, so heißt es darin, »scheint begrenzt«, für eine »Einschränkung des derzeitigen Lebensstandards« oder für »umweltbewußteres Verhalten sinken die Zustimmungsquoten erheblich«.

Abermals also stiller Frust, Rückzug ins Schneckenhaus. »Wir können ja doch nichts ändern« ist in Deutschland zur Grundstimmung geworden. Schuld seien ja sowieso immer die anderen: die Industrie, die Politik, die Nachbarländer mit ihren unsicheren Kraftwerken und industriellen Giftschleudern.

Wer wegen ökologischer Motive aussteigt, um sich loszureißen von der allgemeinen Resignation und Ohnmachtshaltung hierzulande, wird sich in vielen Zielländern seinen Wunsch erfüllen können, gesünder zu leben. Wer seinen Kindern in bekömmlicherem Klima Allergien ersparen will, wer zur Selbstversorgung Obst und Gemüse in sauberer Luft, ohne sauren Regen und auf nicht vergifteten Böden anbaut, der handelt verantwortungsvoll, statt nur still zu jammern.

Vor Illusionen muß aber gewarnt werden. In vielen vermeintlichen Aussteiger-Paradiesen existieren keinerlei wirksame Umweltschutzverordnungen. Dort stinken wilde Müllhalden zum Himmel, der Fischfang wird mit Dynamit betrieben und zerstört die Korallenriffe, oder auf Bananenplantagen werden tonnenweise Gifte versprüht, die hierzulande längst verboten sind. Unter naiven Aussteigern macht sich in solchen Ländern immer wieder Ernüchterung über die Erkenntnis breit, daß die wunderbare Vielfalt der tropischen Natur eben auch Bataillone von Schädlingsinsekten umfaßt, die landesüblich dann mit Insektiziden der übelsten Sorte bekämpft werden. Hier hilft nur Eigenanbau oder der Einkauf bei Bauern, die man gut kennt und die nachweislich auf Chemie-Bombardements verzichten.

Naivität ist regelmäßig auch im Spiel, wenn Aussteiger vom einfachen und billigen Leben in ihrem exotischen Zielland schwärmen und dabei gern übersehen, daß es die Armut ist, die ihr Leben dort so »billig« macht. Und arme Länder sind besonders anfällig, sich von der weltweit operierenden Gift-Mafia kaufen zu lassen – noch dazu, wenn die jeweilige Regierung gern in die eigenen Taschen wirtschaftet. So war das Entsetzen groß, als beim Verhör einer europäischen Schieberbande ein Beteiligter erklärte, daß viele Staaten ihre radioaktiven Abfälle tonnenweise nach Panama verschifft und ihn während der Amtszeit von Präsident Noriega dort abgelagert hätten. Panama, das heute als Ziel für Aussteiger und Käufer von billigen Strandgrundstücken immer beliebter wird, ist kein Einzelfall: Allenthalben werden Auswanderer aus Wohlstandsländern vom Müll aus ihrer alten Heimat wieder eingeholt.

Wer in seinem Zielland selbst das ökologische Bewußtsein stärken will, sollte dabei äußerst behutsam vorgehen und unbedingt den erhobenen Zeigefinger vermeiden. Mit oberlehrerhafter Besserwisserei und abstrakter Weltverbesserungs-Attitüde handelt man sich fast garantiert Isolation, Feindschaft und Spott seiner neuen Nachbarn ein.

Ohnehin muß man auf überraschende und schwierige Fragen Antwort finden – etwa die, warum sich besonders Europäer in anderen Erdteilen als Umweltpolizisten aufspielen, nachdem sie doch selbst alle ihre Urwälder abgeholzt und ihre Flüsse vergiftet hatten. Bis in kleine Dschungeldörfer hat sich die Erkenntnis verbreitet, daß Europas und Nordamerikas Wohlstand großteils auf Kosten der Umwelt erreicht worden ist. Und entsprechend ausgeprägt ist dort das Mißtrauen gegenüber den von weither angereisten Öko-Missionaren, die einem armen Land nun die Verantwortung für das Weltklima aufbürden und seine Regenwaldbauern am liebsten für alle Zeiten zum primitiven Leben verurteilen wollen.
Auf Neugier und offene Ohren wird aber zumeist stoßen, wer ohne großes Aufhebens mit einem konkreten, ökologisch ausgerichteten Projekt die örtliche Bevölkerung am ökonomischen Erfolg teilhaben läßt – indem er also etwa mit einem kleinen ökotouristischen Gästehaus Arbeitsplätze schafft und Einheimische auch als Begleiter für Exkursionen beschäftigt. Allein die Tatsache, daß die Gäste eines solchen Projekts von weither anreisen, um die Natur zu genießen, kann das Bewußtsein der Einheimischen schärfen, daß ebendiese Natur erhalten werden sollte – und sei es auch nur, weil sich mit ihr Geld verdienen läßt.

Politik-Frust

Einige Früchte der Demokratie hierzulande fallen schon ziemlich faul vom Stamm des Baumes, der in den Nachkriegsjahren so hoffnungsvoll gepflanzt worden war. Alle Macht solle vom Volke ausgehen, wurde damals feierlich gelobt. Heute wird das Volk nicht einmal mehr gefragt, ob es sich als kostenlose Versuchskaninchen zur Verfügung stellen will – etwa wenn es um die noch weitgehend unerforschten Risiken genmanipulierter Lebensmittel geht (deren Zulassung 75 Prozent der Bevölkerung ablehnen), um die Einführung der Euro-Währung oder um die milliardenteure Rechtschreibreform. Der Bürger fühlt seine Ohnmacht gegenüber der Politik.

Politiker wiederum sehen sich selbst immer ohnmächtiger gegenüber unaufhörlich wachsenden Behördenapparaten, in denen sich der einzelne immer kleiner fühlt. Immer dreister wird auch der Zugriff in die öffentlichen Kassen, immer wieder hagelt es Rügen der Rechnungshöfe über die Verschwendung von Steuergeldern. Lange her ist jedenfalls die Gültigkeit des antiken Ideals, wonach nur für die Besten der Besten im Staate ein politisches Amt vorgesehen war und die Weisheit der Staatsmänner Vorbild für alle gewesen sein sollte.

So weit, so schlecht. Wer allerdings aus Frust über den Zustand der politischen Landschaft das Weite sucht, kann bitter enttäuscht werden. In vielen Sehnsuchtsländern steht es um die politische Moral bedeutend schlechter. Viel offener und selbstverständlicher als hierzulande schieben sich dort einflußreiche Familienclans Schlüsselpositionen und Vermögen zu, veruntreuen öffentliche Gelder und verhindern allzuoft eine wirklich kritische Mitbestimmung der Bürger. Der Filz zwischen Wirtschaft und Politik ist in solchen Ländern traditionell fest gewebt.

Hinzu kommt, daß in einigen der schönsten Länder die Kluft zwischen protzigem Wohlstand und bitterer Armut schlichtweg unerträglich ist – ohne daß die Politik aus eigenem Antrieb irgend etwas daran ändern wollte. Natürlich bieten gerade diese Länder ambitionierten Aussteigern Chancen und im Erfolgsfall auch die Befriedigung und den

Stolz, mit einem eigenen, kleinen Projekt einige Arbeitsplätze geschaffen zu haben und ein, zwei Familien zu ernähren. Aber gerade in diesem Punkt sollte jeder selbst sehr nüchtern analysieren, wo seine Schmerzgrenze liegt – um nicht dauerhaft deprimiert und letztlich erneut frustriert zu sein angesichts des Elends und der Ungerechtigkeit, von der man permanent umgeben ist.

Beziehungs-Frust

Eine allmählich in inhaltsleerer Monotonie erstarrende Partnerschaft kann durchaus neuen Schwung und frische Kraft erhalten, wenn beide Partner gemeinsam zu neuen Ufern aufbrechen und neue Herausforderungen zusammen meistern. Gemeinsam erreichter und gemeinsam erlebter Erfolg auf absolutem Neuland hat schon viele Liebesbeziehungen gestärkt und reaktiviert. Die Erfahrung von Aussteigern, die für dieses Buch befragt wurden, scheint zu bestätigen, daß dies am besten gelingen kann, wenn der Antrieb zu diesem Aufbruch wirklich mit gleicher Intensität von beiden Partnern kommt.

Ob dies so ist, sollten beide vorab ehrlich analysieren. Wenn man dabei entdeckt, daß nur einer den anderen mit seiner Begeisterung anstecken will (»Du wirst schon sehen, du wirst es dort genießen«), ist Vorsicht geboten: Zusätzlich zu den objektiven Schwierigkeiten, die beim Start in der neuen Heimat auftreten können, lädt der »Anstifter« dann auch noch quasi die Verantwortung für das Wohlbefinden des Partners auf sich. Der Extradruck, den die Einlösung der von ihm gegebenen Glücksgarantie mit sich bringt, kann schwer auf ihm lasten. Der klassische Krach ist dann nicht mehr weit: Der zögerlich mitgezogene Partner sieht schon

beim kleinsten Anlaß seine Bedenken bestätigt, mault und nörgelt (»Ich hab's ja gleich gewußt«), zieht nicht mit bei der Bewältigung der gemeinsamen Aufgaben – und tritt nicht selten den Rückzug in die alte Heimat an.
Interessanterweise wiederholt sich genau dieses Schema bei Aussteigerpaaren in schöner Regelmäßigkeit. Auch die Erfahrung, die die USA-Aussteigerin Katrin zu Beginn ihres Abenteuers in Utah gemacht hat (Kapitel »Konzepte für den Absprung«), paßt in dieses Schema – allerdings mit vertauschten Rollen: Eher auf Initiative ihres Partners war sie mit ihm aus Deutschland aufgebrochen, in Amerika traten die Risse in ihrer Beziehung immer stärker zutage, hinzu kam die Entdeckung ganz unterschiedlicher Erwartungen an das neue Leben – und heute ist Katrin immer noch in Utah, erfolgreich mit ihrem Gästeranchprojekt und verheiratet mit einem Amerikaner. Ihr deutscher Ex-Freund ist längst zurückgekehrt.
Man sollte sich also vor der Ausstiegsentscheidung darüber klar werden, ob beide Partner wirklich bereit sind, diese Möglichkeit der Klärung einer ungelösten Beziehungsfrage mit allen Konsequenzen zu akzeptieren. Was nichts anderes heißt, als den Absprung aus dem gewohnten Alltagstrott zugleich zum Test der Tragfähigkeit der Partnerbeziehung zu machen.
Sicherlich ist es kein Zufall, daß für drei Aussteigerpaare, die für dieses Buch befragt wurden, jeweils eine Trennung auf Probe die letzte Klarheit gebracht hat. Dazu kam es immer in dem Stadium, in dem einer der Partner unbedingt zurückkehren wollte, der andere aber nicht einsah, daß er seinen Aussteigertraum nach dem gerade geglückten Start schon wieder begraben sollte, »nur« wegen einer ohnehin labilen Beziehung, die in Deutschland am Ende womöglich doch noch scheitert.

Die Dauer der drei Probetrennungen lag zwischen sechs und 15 Monaten. Drei Erfahrungen, drei Ergebnisse:
Im ersten Fall scheiterte das Aussteigerprojekt dann doch aufgrund unerwarteter Schwierigkeiten vor Ort, der Mann kehrte enttäuscht zurück – und fand seine ein Jahr zuvor abgereiste Ex-Partnerin frisch verliebt bei einem anderen.
Im Fall Nummer zwei zog die im Zielland gebliebene »Hälfte« ihr Projekt crfolgreich durch und fand dort während der 15monatigen Probetrennung ihren neuen, einheimischen Partner. Auch ihr zurückgekehrter Ex-Mann ging schon während der Probezeit in Deutschland wieder eine neue Beziehung ein.
Im dritten Fall schließlich ging ebenfalls alles gut mit dem Aussteiger-Lebensentwurf des einen Partners, und beiden zeigte schon ein halbes Jahr Probetrennung, daß sie ohne einander nicht leben mochten: ein Happy-End, beide wieder glücklich zusammen am Aussteigerziel, allerdings mit häufigeren Heimreisen der anfangs zögerlichen Partnerin.

Zwangsjacken-Frust

Unterschwellig spüren ihn viele, aber ihm systematisch auf den Grund zu gehen und Konsequenzen daraus zu ziehen trauen sich nur wenige: den Frust über die Zwangsjacken von Raum und Geld unseres Lebens hierzulande. Genug Platz zu haben, sich räumlich entfalten zu können, Nachbarn nur dann zu sehen und zu hören, wenn man es will, sind eigentlich Selbstverständlichkeiten und Grundlagen des Wohlbefindens für jeden. Aber diese Selbstverständlichkeiten sind für immer weniger Menschen hier erschwinglich. Denn Raum wird immer teurer, und Stadtbewohner hocken in ihren Apartments immer enger über- und nebeneinan-

der – in Wohnblocks, die im Maklerdeutsch »Residenzen« heißen und in Wirklichkeit ein Stapel von Wohnkäfigen sind, deren Bewohnerdichte pro Quadratmeter an die Mindestnormen der Massentierhaltung erinnern.
Aus Tierversuchen ist längst bekannt, daß eingepferchtes, enges Zusammenleben aggressiv macht. Und auch bei Menschen ist erwiesen: Wer sich nicht zurückziehen kann, weil dafür kein Platz vorhanden ist, wird reizbar und entwickelt häufig Neurosen. Aber wie soll man sich zurückziehen können bei einer Siedlungsdichte von bis zu 250 Einwohnern auf einem Hektar (10 000 Quadratmeter) Stadtfläche, in der Straßen, Parks, Fried-, Schul- und Hinterhöfe schon mitgezählt sind? Diesen deutschen Spitzenwert hält der Münchener Stadtteil Schwabing. »Käfighaltung nach Münchner Art« überschrieb denn auch die Zeitung *tz* einen Bericht zum Thema und stellte sogleich den Bezug her zur Zunahme der Großstadtneurosen: »Die psychischen Störungen explodieren. Folge der Legebatterie?«
Seit der Steinzeit ist die Natur des Menschen darauf ausgerichtet, durch ausgedehnte Wälder zu streifen, Territorien zu markieren und große Flächen zur Gewinnung von Nahrung, Baumaterial, Brennholz und Kleidung zu nutzen. Seit langem sind diese Verhaltensmuster total verkümmert. Besonders in den Städten gewöhnen wir uns stillschweigend an eine immer krassere Miniaturisierung. In vielen Immobilienanzeigen wird die Größe von Eigentumswohnungen schon in Quadratzentimetern ausgewiesen – mit zwei Stellen hinter dem Komma der Quadratmeterangabe. Auf die immer engeren Wohnungen hat die Industrie schnell mit immer kleineren Produkten reagiert: Im Trend liegen die Ministereoanlage mit Minilautsprecherboxen, die Miniwaschmaschine, der Ministaubsauger. Selbst wer Geld hat und sich eine Villa am Stadtrand leisten kann, errichtet sie

notgedrungen auf einem (sündhaft teuren) Minigrundstück, das vor 30 Jahren gerade noch als Schrebergarten durchgegangen wäre. Geradezu rührend symbolisiert darauf dann ein Miniteichbiotop mit drei Quadratmetern Wasserfläche die Sehnsucht nach freier Natur – in seinen Dimensionen eher dem Gartenzwerg am Ufer angepaßt als den Hausbesitzern.

Wer spürt, daß ihm diese Enge buchstäblich auf die Nerven geht, daß ihn der lautstarke Streit der Nachbarn und der Fernseher von nebenan ebenso zermürben wie der tägliche Stillstand im Stau und die überfüllten Ausflugsgebiete am Wochenende, wer all dies als Auslöser für Ausstiegsüberlegungen ernst nimmt, der hat in der Tat beste Chancen, sich im richtigen Zielland viel wohler zu fühlen.

Tatsächlich gibt es auf der Welt noch jede Menge wunderschöne Grundstücke von 10 000 Quadratmetern und mehr, die gerade einmal so viel kosten wie hierzulande ein Autostellplatz in der Tiefgarage einer Wohnanlage. Noch kann man sich in vielen dieser Länder großzügige, lichtdurchflutete Häuser bauen – für ein Viertel der Kosten eines Hauses gleicher Größe in Deutschland. Noch längst nicht überall haben international operierende Traumziel-Immobilienmakler die Preise hochgetrieben.

Ob nun die Philippinen oder Südamerika, Australien oder Namibia, Kanada oder die Karibik, das spanische Binnenland oder Osteuropa: Die Wiederentdeckung von Weite und Raum muß nicht teuer sein.

Jedenfalls wird die nachdenkliche Miene einer Besucherin aus Frankfurt noch lange in der Erinnerung eines deutschen Aussteigerpaares in der portugiesischen Alentejo-Region bleiben: Als der Blick der Freundin von der Terrasse des billigst erworbenen Bauernhauses über einen weiten, sanften Hang mit Gruppen von Korkeichen und wuchernder Macchia schweifte, sträubte sie sich regelrecht zu glauben, daß dieses Land in dem Preis schon enthalten war, den ihre Freunde gezahlt hatten. Zu Hause in Frankfurt, nur drei Flugstunden entfernt, hatte sie gerade einen Bankkredit unterschrieben, der sie ihr Leben lang belasten wird: für ein kleines Haus am Stadtrand mit Garten. Dieser Garten allein, ganze 650 Quadratmeter klein, machte die Großstadtimmobilie fast 500 000 Mark teurer. »Aber ich wollte einfach etwas Grünes um mich herum haben«, seufzte die Frankfurterin auf der Terrasse ihrer Freunde in Portugal, »und außerdem stehen da vier alte Apfelbäume drauf, die mir in diesem Jahr zum ersten Mal in meinem Leben meine eigene Obsternte liefern.«

Ein halbe Million Mark für ein paar Äpfel und für das Gefühl, der Natur ein wenig näher zu sein: Manchmal muß die Konfrontation mit dem wirklich freien Leben wohl so kraß sein, um sich der Schizophrenie der Enge bewußt zu werden.

Sehnsuchts-Frust

Immer schneller müssen wir Schritt halten mit den Neuerungen in unseren Berufen, in neu organisierten Arbeitsabläufen, in der Technologie, in der Struktur unseres Alltagslebens. »Life-long learning«, lebenslanges Hinzulernen also, war schon in den 70er Jahren als Devise ausgegeben worden für alle, die im (Berufs-)Leben bestehen wollten. Nie stillstehen, immer spezieller weiterqualifizieren, immer zügiger weiterfahren auf dem Schmalspurgleis: Das bedeutet für viele lebenslangen Dauerstreß. Schon zu Anfang dieses Buches hatten wir erkannt, daß Fortschritt und Weiterkommen für die meisten bedeutet, auf immer kleineren Spezialgebieten immer mehr zu wissen. Der Frust, so hatten wir gefolgert, ist vorprogrammiert. Denn unser Blickwinkel wird enger statt weiter. Und unsere Sehnsucht wächst immer mehr: die Sehnsucht nach alldem, was sich abseits unseres Schmalspurgleises ausbreitet. Also nach der Vielfalt der Alternativen, an denen wir vorbeieilen, ohne sie (be)greifen zu können.

Dabei wäre gegen die Devise vom »Life-long learning« gar nichts einzuwenden. Man müßte sie nur anders verstehen. Sein Leben lang offen bleiben für Unerwartetes, noch mal ganz neu anfangen, flexibel und neugierig bleiben, aus den Angeboten des Lebens in ihrer ganzen verlockenden Breite auswählen: Das ist »Life-long learning« im anderen Sinne, in der besseren Bedeutung.

Wer seine eigene Befindlichkeit in diesen Gedanken wiederfindet, wer bewußt den Ausstieg wagen will, um zuallererst seinen Blickwinkel und seine Lebenserfahrungen zu erweitern, geht nur ein geringes Risiko der Enttäuschung ein. Denn jede neue Erfahrung, die er macht, ist dann eine Bereicherung – sogar, schlimmstenfalls, ein Mißerfolg des neuen, freien Lebensentwurfs. Wer vielleicht in einem stillen Moment plötzlich ein übermächtiges Das-kann-doch-noch-nicht-alles-gewesen-sein-Gefühl in sich spürt, der sollte wirklich Ernst machen mit seinen Ausstiegsplänen. Er kann das Guthaben auf seinem Erfahrungskonto nur vermehren – das einzige Konto, das wirklich zählt in der eigenen Lebensbilanz im Alter.

Spätestens hier wird es aber auch Zeit für ein großes, warnendes Ausrufezeichen! Nämlich vor Frustmotiven, die aus eigenen Unzulänglichkeiten stammen, die man sich selbst aber meistens nicht eingestehen will. Allzuleicht ist es ja, objektiven Umständen die Schuld zuzuschieben für eigene »Macken« und Verhaltensweisen, mit denen wir uns selbst im Wege stehen. Vor ihnen können Sie nicht weglaufen – auch wenn es Aussteiger in aller Welt vergeblich versuchen. »The grass is always greener on the other side of the fence«, sagt ein englisches Sprichwort: Auf der anderen Seite des Zauns ist das Gras immer grüner, sind die Weiden fetter – scheinbar. Immer das, was man gerade nicht hat, scheint attraktiver. Und dort, wo man gerade selbst nicht lebt, scheint das Leben verlockender. Um herauszufinden, welche der Frustrationen hierzulande und welche Lockungen »auf der anderen Seite des Zauns« real sind und welche nicht, ist die ehrliche Analyse von Frustmotiven so wichtig. Vielleicht erkennt man ja dabei, daß man in wichtigen Punkten erst einmal an sich selbst arbeiten muß.

Wer aber wirklich objektiv existierende Frustfaktoren erkennt, sollte dann auch konsequent handeln. Wer sie erkannt hat und sein Leben dennoch nicht ändert, kann seinem Glück nicht näherkommen. Der stille, schicksalsergebene Rückzug kann keine Lösung sein – auch nicht der Rückzug hinter die eigene Wohnungstür. »Cocooning« nennen Werbeleute diesen seit Jahren anhaltenden Trend zur neuen Häuslichkeit, zum »Sich-Einspinnen« wie in einen Kokon, also wie in das Gespinst um eine weiche, schutzlose Schmetterlingsraupe. Im Weichzeichner der Werbung sind die Bilder dieser häuslichen Zurückgezogenheit immer schön warm und kuschelig mit Schmusekatze im Kerzenschein. In Wirklichkeit haben Soziologen längst erkannt, daß dieser Rückzug in die warme Wohnhöhle auch Realitätsflucht ist – und Abkoppelung von der frustrierenden Außenwelt draußen vor der Tür. Eine Flucht, die auf jeden Fall weniger konsequent ist als der Ausstieg!

WELCHE IDEE FÜR WELCHE LEBENSPHASE?
Vom Aussteigen mit Kindern bis zum Neubeginn im Alter

Wer aus etwas aussteigen will, muß erst einmal in etwas eingestiegen sein. Das klingt schrecklich banal, birgt aber nach allen Erfahrungen gelungener Aussteigerprojekte eine wichtige Grundwahrheit. Nämlich die, daß selbst für alternative Lebensentwürfe von jungen Leuten ein Fundament gelegt sein muß – möglichst auch eine abgeschlossene, solide Ausbildung. Damit definiert sich der frühestmögliche Lebensabschnitt für den Absprung aus dem hiesigen Alltagstrott schon dadurch, daß es nicht um Schüler und Studenten in den ersten Semestern gehen kann, die es zur Horizonterweiterung hinaus in die weite Welt treibt.
Die faszinierenden Möglichkeiten des Auslandsstudiums, eines Au-pair-Jahres, eines berufsvorbereitenden Schnupperpraktikums oder des Engagements für ein soziales oder ökologisches Projekt im Ausland werden erfreulicherweise von immer mehr jungen Leuten genutzt. Für sie gibt es Beratungsstellen, Ratgeberbücher und Kontaktbörsen im Internet, an Universitäten und in großen Unternehmen ebenso wie Vermittlungsbüros bei Umweltorganisationen, bei karitativen und kirchlichen Einrichtungen, bei der Zentralstelle für Arbeitsvermittlung (ZAV) in Frankfurt und bei Organisationen, die auf den Kleinanzeigenseiten von Zeitungen und Zeitschriften mit der Vermittlung von Familienaufenthalten (Homestays) im Ausland werben.
Wohl werden Jugendliche, die solche Angebote wahrnehmen, in ihrem weiteren Leben weltoffener sein als die Daheimgebliebenen. Und etliche werden frühzeitig geprägt

durch die Erfahrung herzlicher Gastfreundschaft, durch andere Lebensweisen und multikulturelle Kontakte und Erlebnisse im allerbesten Sinne. Mit Absprung und Aussteigen im Sinne unseres Themas hat ein derart früher Auslandsaufenthalt aber nichts zu tun.

Wie läßt sich also der früheste Lebensabschnitt definieren, in dem ein bewußter Ausstieg Sinn macht und Erfolg verspricht? Die im Kapitel »Konzepte für den Absprung« wiedergegebenen Erfahrungen geben schon einige Hinweise. Die Gründerin eines Expreßübersetzungsservices in Neuseeland, der Automechaniker, der in Arizona Motorräder vermietet, der gelernte Hotelfachmann mit seiner Surfschule in Ägypten, die Gründerin einer Gästeranch im »Wilden Westen« – sie hatten Deutschland verlassen, als sie Mitte bis Ende Zwanzig waren. Und sie alle hatten eine Ausbildung absolviert.

Einzige Ausnahme dieser Beispiele: Isabel, die Mitbegründerin der Sprachschule in Spanien. Sie unternahm schon als Studentin den Absprung – aber kehrte eben auch wieder nach Deutschland zurück, als es zur Trennung von ihrem älteren und berufserfahrenen Partner kam. Kein Zufall wohl, daß er es war, der sich dazu entschloß, das Projekt weiterzuführen.

Die Jungen: Mitte Zwanzig bis Ende Dreißig

Pluspunkte

In dieser Lebensphase dominiert das Ungebundensein. Man steht ganz bildhaft noch kurz vor der Weiche, an der sich viele Gleise durch das Leben verzweigen. Der Elan, zu neuen Ufern aufzubrechen, ist jetzt am stärksten. Mit den richtigen Freunden lassen sich gemeinschaftliche Aussteigerprojekte in diesem Lebensabschnitt am lockersten organisieren. Man ist in seiner Freiheit meist noch nicht belastet durch den Druck von Kredittilgungen für ein Haus oder für eine Wohnung; günstigstenfalls erbt man in diesem Alter bereits eine Starthilfe für den Absprung. Langstreckenflüge und gesundheitliche Belastungen in Tropenländern stellen noch keine Probleme dar; auch für die kulturelle Anpassung im Zielland ist man in dieser »Frühphase« noch am offensten.

Minuspunkte

Der berufliche Grundstock für eine wirtschaftliche Absicherung muß erst noch gelegt werden; eine entsprechende finanzielle Sicherheitsreserve fehlt oft. Liebesbeziehungen mit dem Lebenspartner werden besonders in dieser Phase auf eine harte Probe gestellt: Schließlich steht auch der Partner in diesem Alter noch vor der besagten Weiche und hat für sich noch alle Optionen offen. Die Festlegung auf ein gemeinsames Aussteigerprojekt bedeutet in dieser Phase eben auch für den Partner den bewußtesten Verzicht auf Alternativen. Beispiele, in denen die Probe mißlingt, gibt es zuhauf: Ein Partner kehrt zurück, der andere macht weiter – und heiratet nicht selten eine(n) Einheimische(n) im Zielland. Auch der Wunsch nach Kindern kollidiert in dieser Lebensphase häufig mit der »grenzenlosen Freiheit«. Dies ist allerdings kein aussteigerspezifisches Problem, sondern kennzeichnet ganz allgemein die Abwägung von Prioritäten in dieser Lebensphase.

Kinder

• *Länder mit extremem Tropenklima sind tabu!* Kinder jahrelang der Gefahr tückischer Krankheiten auszusetzen, ist verantwortungslos – aber leider gängige Praxis bei einer Kategorie von Aussteigern, die ihrer eigenen Selbstverwirklichung alles andere unterordnen. Die bedauernswerten Opfer dieses elterlichen Egoismus sind in den Wartezimmern deutscher Tropeninstitute regelmäßig zu besichtigen. Das kindliche Immunsystem ist um ein Vielfaches schwächer als das von Erwachsenen, die Anfälligkeit der Kleinen entsprechend höher. Selbst jahrelange Dauerprophylaxe zum Schutz vor tropischen Krankheiten ist nichts anderes als eine Quälerei und eine schwere Schädigung des kindlichen Organismus. Welche Logik liegt darin, hierzulande nur das Beste für das Baby beim Biobauern zu kaufen, um dann den kleinen Fratz in den Tropen jahrelang mit Chemie vollzupumpen?

• *Andere Kulturen, andere Maßstäbe.* In manchen Kulturen stehen kleine Kinder immer im Mittelpunkt. Das erleichtert Kontakte durchaus, besonders zwischen Aussteiger-Eltern und einheimischen Erwachsenen. Andererseits ist damit nicht selten eine Einschränkung der Privatsphäre verbunden. In manchen südeuropäischen und lateinamerikanischen Ländern werden Kinder, noch dazu womöglich blonde und blauäugige inmitten lauter dunkler Lockenköpfe, ganz schnell zu Lieblingen des ganzen Dorfes – und fast schon zum kollektiven Eigentum. Jeder kommt mit guten Ratschlägen, jeder will mitreden, keiner versteht die »fremden« mitteleuropäischen Auffassungen von Eltern-Kind-Beziehung, Ernährung, Psychologie und Erziehung. Was unter Nachbarn so herzlich und gut gemeint beginnt, mündet mitunter in Zerwürfnissen, Ausgrenzung und Rückzug. Ein spezieller Fall ist der islamische Kulturkreis mit seiner (aus europäischer Sicht) Diskriminierung von Frauen und Mädchen. Die eigene Tochter in einem islamischen Land aufwachsen zu lassen, ist eine überaus heikle Herausforderung, deren Konsequenzen vorab meist unterschätzt werden.

• *Wie steht's mit der Schule?* Sich über den Standard des Schulsystems im Zielland zu informieren, ist einer der wichtigsten Punkte auf der Checkliste junger Aussteiger. Sehr sorgfältig geprüft werden sollte auch, ob man Kinder in der Aufbauphase eines Aussteigerprojekts zunächst bei Verwandten in Deutschland, in ihrer vertrauten Umgebung und damit auch in ihrer Schule beläßt. Sollte das Projekt fehlschlagen, bringt eine Rückkehr der Eltern in die alte Heimat zumindest nicht die Entwicklung des Kindes durcheinander. Nahezu überall auf der Welt vermittelt schließlich das *Fernlehrwerk für deutsche Kinder im Ausland* der Zentralstelle für Fernunterricht (ZFU) den Lernstoff des deutschen Schulsystems.

Eine interessante Alternative hat sich gerade in weit entfernten Ländern bewährt: die Anstellung eines Privatlehrers aus dem Heimatland für die Kinder mehrerer Aussteiger-Familien. Junge, voll ausgebildete Lehrer, für die hierzulande im Schuldienst keine Planstelle frei ist, sind mitunter gern bereit, einige abenteuerliche Jahre im Ausland zu verbringen, sofern das von mehreren Elternpaaren gemeinsam aufgebrachte Gehalt die Lebenshaltungskosten und einige Extras im Zielland deckt. Entsprechende Kontakte lassen sich durch Zettel an den Schwarzen Brettern der nächstgelegenen Pädagogischen Hochschule oder Universität herstellen; auch eine Kleinanzeige in einer Lehrer-Fachzeitschrift kann Erfolg haben.

• *Zweisprachig aufwachsen: Chancen und Risiken.* Ganz entscheidenden Einfluß auf die Entwicklung von Aussteiger-Kindern im Ausland hat die Zweisprachigkeit, in der sie automatisch aufwachsen. Die Eltern werden mit ihrem Kind überwiegend Deutsch sprechen, während für die Kommunikation mit Freunden, Nachbarn und Lehrern die Sprache des Ziellands unabdingbar ist.

Immer wieder betonen Sprachwissenschaftler, wie wichtig es ist, daß Eltern aktiv die Zweisprachigkeit ihres Kindes fördern und vor allem verhindern, daß die seltener praktizierte Sprache verkümmert. Häufig kommt es vor, daß das Kind zwar eine Frage in der seltener praktizierten Sprache versteht, diese Frage dann aber in der häufiger benutzten Sprache beantwortet. Das ist völlig normal und bedarf keiner Korrektur. Um die seltener praktizierte Sprache spielerisch zu fördern, haben sich Märchen- und Zeichentrick-Videos und vorgelesene Geschichten (in denen sich die beiden Sprachen kapitelweise sogar abwechseln können) bewährt. Später dann, wenn in der Schule auch abstraktes Denken verlangt und trainiert wird, ist es nach den Erfahrungen der kalifornischen Sprachforscherin Lilly Wong-Fillmore besonders wichtig, den Wortschatz in beiden Sprachen parallel zu fördern.

Kleine Kinder können ganz und gar unkompliziert in zwei Sprachen hineinwachsen; Erwachsene tun sich mit einer zweiten Sprache ungleich schwerer. In Aussteigerfamilien kommt es daher regelmäßig zu der amüsanten Situation, daß Eltern neue Wörter und grammatikalische Konstruktionen in der Sprache des Ziellands von ihren Kindern lernen. Das kann für das Ego des Kindes sehr förderlich sein und es motivieren, in der Sprache seiner Freunde und Nachbarn noch sattelfester zu werden.

Unbedingt vermeiden sollte man eine Überforderung des Kindes durch Einflüsse von mehr als zwei Sprachen. In manchen Regionen sind Aussteigerkinder de facto einer Dreisprachigkeit ausgesetzt – etwa in einem lateinamerikanischen Dorf, in dem außer der spanischsprachigen Bevölkerung auch eingewanderte »Gringos«, englischsprachige Nordamerikaner also, leben. Englisch-Muttersprachler erwarten oft, daß man sie überall in der Welt versteht, und lernen nur zögerlich die Sprache des jeweiligen Gastlandes! Spanisch mit den einheimischen Freunden, Englisch mit den Kindern der Gringo-Familien, Deutsch mit den Eltern: Das wäre entschieden zuviel. Die Folgen für die Entwicklung des Kindes könnten schwerwiegend sein: Unsicherheit, Angst vor Verspottung durch Gebrauch unpassender Wörter in der »falschen« Sprache, schließlich Rückzug und Ausgrenzung.

Interessanterweise hat die Sprachwissenschaft noch bis vor rund 50 Jahren Zweisprachigkeit bei Kindern für schädlich und unnatürlich gehalten und sie sogar für Stottern und Bettnässen verantwortlich gemacht. Das andere Extrem, also eine womöglich übertrieben positive Bewertung des zweisprachigen Aufwachsens von Kindern, kommt aus Studien kanadischer Sprachwissenschaftler zum Ausdruck. Untersuchungen in Montreal hatten nämlich ergeben, daß zweisprachig geprägte Kinder in Intelligenztests deutlich besser abschnitten als einsprachig aufgewachsene – ein Ergebnis, das im zweisprachigen Kanada, wo Englisch und Französisch offizielle Landessprachen sind, politisch höchst bedeutsam ist. Inzwischen neigen Sprachforscher allerdings zu einer neutralen Bewertung des Phänomens Zweisprachigkeit, sehen sie also nicht als entscheidenden Faktor für Erfolg oder Versagen in Schule und sozialem Umfeld.

Unbestritten ist hingegen, daß Kinder, die ganz selbstverständlich mit zwei Sprachen aufgewachsen sind, später enorme Vorteile daraus ziehen können. Besonders gilt das natürlich für Sprachen, die weltweit wichtig sind – für Englisch oder Spanisch also weit mehr als für eine afrikanische oder asiatische Regionalsprache. Auch dies sollten Aussteigereltern bei der Wahl ihres Ziellandes berücksichtigen.

- *Wo soll das Kind zu Hause sein?* Unbedingt ersparen sollte man seinem Kind den ständigen Wechsel zwischen dem

Zielland und der alten Heimat. Der Kontakt zu Freunden und anderen Bezugspersonen darf einfach nicht zu lange unterbrochen werden. Bei Schulkindern verhindert allein schon die deutsche Schulpflicht ein ständiges Pendeln zwischen zwei Welten. Deshalb scheiden die ansonsten so interessanten Teilzeitprojekte im Wechsel mit Partnern aus. Es ist kein Zufall, daß sämtliche für dieses Buch befragte Auswanderer/Aussteiger mit Kindern permanent in ihrer neuen Heimat leben. Die Reisen nach Deutschland zu Großeltern und anderen Verwandten und Freunden sind für die Kinder dieser Familien dann oft die Höhepunkte des Jahres; sie bleiben aber immer Besuchsreisen und werden nicht als Rückkehr in die alte Heimat empfunden.

Das Mittelalter: Vierzig bis Mitte Fünfzig

Pluspunkte

In diesem Alter hat man in der Regel die Aufbauphase in allen Lebensbereichen abgeschlossen, ist andererseits aber noch fit genug für einen Neuanfang, der mit echten Herausforderungen verbunden ist. Für die Gründungsphase eines eigenen Projekts in der neuen Heimat bringt man zumeist genug Ausdauer, Energie und Startkapital und auch schon genug berufliches Know-how mit. Seit den 70er Jahren haben populäre Bestsellerbücher in diesem Lebensabschnitt aber auch die sogenannte »Midlife-crisis« angesiedelt – eine für Persönlichkeit und Partnerschaft oft ernste Belastung. Diese Krise resultiert meistens aus einem Gefühl der Leere in diesem Alter: Die Kinder verlassen das Haus, an der beruflichen Aufgabe wird sich bis zur Rente nichts mehr ändern, die Partnerschaft zeigt Zeichen von Routine. In einer solchen Situation kann ein Aussteigerprojekt im Ausland wahre Wunder wirken, weil es eine neue, gemeinsame Aufgabe für beide Partner schafft! Zusätzlicher Startvorteil: In dieser Altersgruppe sind die meisten Erben zu finden.

Minuspunkte

In diesem Lebensabschnitt tritt der innere Konflikt zwischen Anpassung an gewohnte Konventionen und der neuen Freiheit besonders stark zutage. Die Entscheidung, das Begonnene aufzugeben und bewußt Neuland betreten zu wollen, muß in dieser Phase mit dem Partner besonders reiflich überlegt und dann von beiden vorbehaltlos mitgetragen werden. In familiärer und wirtschaftlicher Hinsicht ist diese Phase oft die unfreieste und gebundenste der drei: Die Kinder brauchen eben doch noch die Nähe zu den Eltern, die eigenen Eltern werden schon hilfsbedürftig, das Haus oder die Wohnung ist noch nicht abbezahlt, auch für sonstige Kredite oder Lebensversicherungen sind noch monatliche Raten fällig.

Die Älteren: Mitte Fünfzig und darüber

Pluspunkte

Die finanziellen Risiken sind in diesem Lebensabschnitt am geringsten. Die Versorgungslücke bis zum Beginn der Rentenzahlung oder bis zur Auszahlung der Kapitallebensversicherung ist nur kurz. Der Kassensturz ergibt daher meist eine überschaubare und planbare wirtschaftliche Situation. Zudem kann eine in diesem Alter zumeist ganz oder größtenteils entschuldete Immobilie vermietet, verpachtet oder sogar verkauft werden; ähnliches gilt für eine selbst aufgebaute Firma. Auch die vorzeitige Verabschiedung in den Ruhestand läßt sich nicht selten mit einer Abfindung regeln, die zusätzliches Startkapital bedeutet. Die neue Freiheit läßt sich in dieser Lebensphase am gelassensten und am bewußtesten genießen: Jahrzehntelang hatte man schließlich auf so vieles verzichtet. Hinzu kommt das Bewußtsein, daß nicht mehr allzuviel Zeit bleibt, um sich seine Fernwehträume zu erfüllen.

Minuspunkte

Extremes Tropenklima wird in diesem Alter schlechter vertragen, und gesundheitliche Risiken steigen. Weite Entfernungen und lange Flüge werden zunehmend als Belastung empfunden. Freundschaften zu Hause, die man sich in vielen Jahrzehnten aufgebaut hat, will man meistens nicht abbrechen. Aber auch die (gleichaltrigen) Freunde kommen lieber und öfter zu Besuch, wenn der Flug nicht allzu lange dauert. Gleiches gilt für Besuche von Kindern und Enkeln. Besonders im höheren Alter kann durchaus Vereinsamung drohen, wenn Bindungen in die alte Heimat abbrechen und im Zielland neue Kontakte nicht auf Anhieb gelingen.

Aktuelle Situation

Dem ganz normalen Lebenszyklus entsprechend, ist für fast alle älteren Abwanderer und Aussteiger ein geruhsames Leben im Zielland der wichtigste Wunsch – viel wichtiger jedenfalls als ein Neubeginn dort mit einem Projekt oder einer Geschäftsidee. Kein Wunder auch, daß rasch erreichbare Zielländer dominieren: mit großem Abstand Spanien mit Mallorca, Ibiza und den Kanarischen Inseln, aber auch Italien, Frankreich, Portugal, die Türkei, Irland und Griechenland. Rasch aufgeholt in der Gunst der aktiven Älteren haben in jüngster Zeit Florida und die Dominikanische Republik (mit Flugzeiten um acht Stunden) sowie Südafrika.
Etwa 200 000 Renten überwies allein die Bundesversi-

cherungsanstalt für Angestellte (BfA) schon 1996 Monat für Monat direkt auf ausländische Konten. Tendenz: steigend. Diese Zahl gibt nur einen annähernden Aufschluß über diejenigen älteren Leute, die permanent im Ausland leben. Hinzu kommen schätzungsweise noch wesentlich mehr, die aus einer Reihe guter Gründe ihren Erstwohnsitz in Deutschland beibehalten haben und sich ihre Rente zunächst auf ein deutsches Konto überweisen lassen. Auf jeden Fall wird in den nächsten Jahren der Geldtransfer an ältere Abwanderer ins Ausland deutlich zunehmen: In einer Umfrage des Forsa-Meinungsforschungsinstituts bekundete 1996 schon die Mehrheit der Gutverdienenden (mit monatlichen Haushaltsnettoeinkommen von mehr als 5500 Mark), daß sie sich im Alter einen Umzug ins Ausland vorstellen können. Von den Befragten mit einem Einkommen unter 2500 Mark war es nur jeder Dritte.

Neben finanziellen Vorteilen und anderen, häufig genannten Vorzügen (wie etwa gelassenere Lebensart, sonnigeres Klima, sauberere Luft, gesündere Ernährung, mehr Gelegenheit zu Tennis, Golf, Wandern und Schwimmen) finden sich in den Kommentaren älterer Abwanderer auch immer wieder Hinweise auf andere Defizite der deutschen Lebensart. So schätzen sie beispielsweise in Florida und in Kalifornien die spontane Unkompliziertheit und die freundliche Servicementalität der Amerikaner. Die dortige Dienstleistungsorientierung, so die *Wirtschaftswoche*, bietet »den besonders auf Service angewiesenen Alten einen Komfort, den sie in der Servicewüste Deutschland nicht finden«.

Aktiven Älteren, deren beruflicher Erfahrungsschatz im Ausland oft hochwillkommen ist, bietet der *Senior Experten Service (SES)* in Bonn interessante Möglichkeiten sinnvoller und befriedigender Beratungsarbeit in aller Welt. Rund 6000 rüstige deutsche Rentner, darunter auch viele vorzeitig in

den Ruhestand Abgeschobene, haben durch die Vermittlung des SES schon im Ausland eine neue Aufgabe gefunden – und dabei mitunter auch ihre neue Zweitheimat. Einige hundert Projekte stehen in mehr als 130 Ländern zur Wahl: von der Strumpfwarenproduktion in Uruguay über die Tee-Aromatisierung in Malaysia bis zu orthopädischen Werkstätten in Kolumbien. Auch die Reformstaaten in Osteuropa sind sehr am Know-how der Senioren-Experten interessiert. Vermittlungschancen bestehen für Ingenieure, Ärzte und Lehrer ebenso wie für Handwerker aller Sparten, Mechaniker und Zahntechniker. Die Einsätze dauern maximal ein halbes Jahr – genug Zeit, um herauszufinden, ob man danach mehr oder weniger dauerhaft dort leben möchte. Hilfsbereitschaft und Kontakte der Mitarbeiter des Unternehmens, das ja den deutschen Experten angefordert hat, können die Integration enorm erleichtern.
Die Mobilität des pensionierten Leiters einer Fleischfabrik aus Schwaben ist allerdings eher außergewöhnlich: Ihn hat der Senior Experten Service schon nach Bolivien, Brasilien, Kenia, Ungarn, Slowenien, Ghana und Simbabwe vermittelt – immer zur Beratung und zur Aufbauhilfe von kleinen Wurstfabriken. Im Gepäck hat der agile Experte jedesmal »ein Kistchen Zigarren für die Männer, 20 Tafeln Schokolade für die Damen – und für alle: zehn Finger voller Fingerspitzengefühl« für die andersartige Kultur des neuen Einsatzortes. Sein Lohn: die Bestätigung, noch gefragt zu sein. Und die Gewißheit, in einem meist armen Aufbauland Arbeitsplätze gesichert zu haben, der örtlichen Wirtschaft ebenso geholfen zu haben wie (in diesem speziellen Fall) ganz direkt den Menschen und ihrer Gesundheit: »Bevor ich an meinem ersten afrikanischen Einsatzort eintraf, hatte man dort Wurst aus rohem Fleisch hergestellt. Die Leute waren davon regelmäßig krank geworden.«

Ein solcher Lohn aus Befriedigung und Bestätigung zählt für alle SES-Experten mehr als Geld: Ihnen werden nur die Flugkosten erstattet; außerdem erhalten sie Pauschalbeträge für die Deckung der reinen Lebenshaltungskosten im Zielland und einen umfassenden Versicherungsschutz. Ein reguläres Gehalt gibt es nicht.

VOR DEM ABSPRUNG
Der 10-Punkte-Check: So prüfen Sie sich selbst

1. Können Sie ohne das leben, was Ihnen fehlen wird?

Viele Annehmlichkeiten des Alltagslebens hierzulande werden Ihnen erst bewußt werden, wenn sie plötzlich fehlen. Die Liste solcher Annehmlichkeiten ist lang: Da gibt es die Rechtssicherheit, die klar definierten Wege für Mitbestimmung und für Einsprüche gegen Beschlüsse von Behörden und gegen Gerichtsurteile, das soziale Netz mit seinen Absicherungen gegen wirtschaftliche Folgen von Schicksalsschlägen und gegen extreme materielle Not, öffentliche Einrichtungen von Bibliotheken bis zu Beratungsstellen aller Art, das Gesundheitssystem, das kulturelle Angebot von Theatern, Konzerten, Museen und Ausstellungen – aber auch alltägliche Kleinigkeiten wie Ihr Lieblingsbäcker mit seinem vielfältigen Angebot an Brotsorten, die vertraute Zeitung, das Kino um die Ecke, der Frühstücksjoghurt. Und natürlich Ihre Freunde, Kollegen, Nachbarn und Bekannten, die Sie vielleicht gar nicht so häufig besuchen, die aber immerhin rasch für ein spontanes Treffen verfügbar wären. Allein das Gefühl, daß ein Anruf genügt, um sich zu verabreden, zählt zu den Annehmlichkeiten des Lebens im vertrauten Umfeld.

Daß Ihnen einiges auf einer solchen Liste sehr wichtig sein mag, heißt noch lange nicht, daß Sie das vom Aussteigen abhalten muß. Allerdings: Je länger diese Liste für Sie persönlich wird, desto eher sollten Sie sich für einen Lebensentwurf entscheiden, der Sie immer wieder in die alte Heimat

zurückführt – also für ein Teilzeit-Aussteigerprojekt. Dann werden Sie sogar all das um so mehr genießen, was Sie in Ihrem Zielland monatelang entbehren müssen.
Es ist wirklich ganz erstaunlich, wie sich Wahrnehmung und Sinne schärfen für das, was Sie nach langer Abwesenheit hierzulande wieder völlig neu entdecken werden: bestimmte Stimmungen und Gerüche, Laubfärbungen und Atmosphäre. Ein Gang durch einen ganz normalen Supermarkt wird dann zum Fest, eine Fahrradtour durch Dörfer, die Sie seit Ihrer Kindheit kennen, zu einer aufregenden Wiederbegegnung. Aber schon nach einigen Monaten wird wieder die Sehnsucht in Ihnen aufsteigen nach dem, was Ihnen nur Ihre neue Heimat bieten kann: Sonne, Blüten und tropische Früchte im Dezember zum Beispiel – statt Schneematsch, Wollmänteln und Husten hier. Ein Wechsel zwischen zwei Welten, an den man sich gut gewöhnen kann. Ob Sie sich tatsächlich auch an ihn gewöhnen wollen, können nur Sie selbst wissen.

2. Wären Sie flexibel genug für den Wiedereinstieg, wenn es schiefgehen sollte?

So schön und richtig es ist, sich bei seinen Plänen für den Absprung aus dem Alltagstrott von Optimismus leiten zu lassen: Je gründlicher Sie sich auf den schlimmsten aller Fälle vorbereitet haben, desto lockerer läßt sich der Start ins neue Leben angehen. Sie gewinnen damit die Sicherheit, daß es Ihnen nie so ergehen wird wie den gescheiterten Existenzen, die in fast jedem Aussteiger-Zielland gerade noch von der Hand in den Mund leben, oder wie die zermürbten Rückkehrer ohne Geld und ohne Perspektive, die meist unbemerkt zwischen den gut erholten Urlaubern in den

Ferienjets sitzen. Ganz gleich warum sie gescheitert sind: Sie hatten nicht vorgesorgt, finanziell oft alles auf eine einzige Karte gesetzt – und sich ihre Rückkehr damit verbaut. Damit Ihnen ein solches Schicksal erspart bleibt, sollten Sie das Szenario für den Fehlschlag ganz in Ruhe vorab durchspielen: Welche Möglichkeiten hätten Sie, aus dem Aussteigerleben wieder auszusteigen? Welche Regelungen lassen sich mit Arbeitgebern oder Geschäftspartnern treffen, um Sie wieder in den alten Job zu integrieren? Wie flexibel sind Sie persönlich – konkret: Welche anderen Erwerbsmöglichkeiten stünden Ihnen offen, womöglich außerhalb Ihres erlernten Berufs? Wären Sie sich nicht zu schade dafür, auch eine Tätigkeit aufzunehmen, die nicht denselben Status hat wie Ihr jetziger Job?
Auf jeden Fall ist es ratsam, sich schon vor dem Absprung ein Netz zu spannen, das Sie auffängt, wenn es nicht klappen sollte. Die Gespräche, die Sie dafür vorab führen, zeigen Ihrem Chef, Ihren Kollegen und Ihren Bekannten auch, daß Sie Ihren Ausstiegsplan realistisch angehen – und eben nicht, wie so viele, das Paradies auf Erden schon mit Garantie gepachtet zu haben glauben. Mit einer solchen Prahlerei würden Sie zwangsläufig Neid, Mißgunst und schlimmstenfalls Schadenfreude Ihrer Mitmenschen ernten – mit risikobewußtem Realismus dagegen so gut wie sicher Verständnis, Interesse und Hilfsbereitschaft.

3. Wie gut kennen Sie Ihr Zielland?

Wie haben Sie Ihren neuen Wunschwohnsitz entdeckt? Mit ziemlicher Wahrscheinlichkeit ja wohl während einer Reise – so wie die meisten anderen Aussteiger auch. Die Statistik spricht da eine deutliche Sprache: Länder, die zunächst als Reiseziele populär geworden waren, haben sich in einer zweiten Phase zu Aussteigerzielen entwickelt – also erst Mallorca, Südfrankreich und die Toskana, dann Griechenland, Ibiza, Kanarische Inseln und Irland, später Florida, Thailand, die Philippinen, die Dominikanische Republik und Südafrika. Von der Reise bringt man die Erinnerung an freundliche Menschen, an Sonne, blühende Landschaften und lockere Lebensart mit. Wenn Ihnen das schon reicht als Entscheidungsgrundlage, müssen Sie sich darüber im klaren sein, daß Sie ein großes Risiko eingehen. Die Sonnenseite Ihres Traumziels ist nicht alles, was Sie kennen sollten, bevor Sie eine so folgenschwere Entscheidung treffen!

Besser also, Sie handeln nach der *»Drei-mal-Drei-Regel«:* Drei längere Reisen von jeweils mindestens drei Wochen in Ihre mögliche neue Heimat sind das Minimum – ebenso drei verläßliche Kontakte zu Leuten, die keine rein geschäftlichen Interessen an Ihnen haben!

Reisen Sie mit voller Absicht mindestens einmal in der unfreundlichsten Jahreszeit! Reisen Sie also zur Hurrikansaison nach Florida, besuchen Sie ein Tropenland mitten in der Regenzeit, wenn in allen Pfützen die Moskitos brüten, fliegen Sie im eisigen Schneesturmwinter nach Kanada! Die Flüge sind dann billig, die Hotels leer, die Menschen ehrlich. Die Makler müssen die Schönwettermaske fallen lassen und Ihnen reinen Wein einschenken (was durchaus auch den Kaufpreis für ein Grundstück drücken kann). Und Sie können sich darüber klarwerden, wie lang die Saison wirklich ist – etwa für ein touristisches Projekt, das Sie aufziehen wollen. In welchen Monaten können Sie realistisch mit Einnahmen rechnen, die wiederum wie viele Monate mitfinanzieren müssen, in denen nur Ausgaben zu Buche schlagen?

Wenn Ihre Eindrücke in der unfreundlichsten Jahreszeit Sie nicht von Ihrem Plan abbringen können: bestens! Dann müssen Sie sich nur noch die Erfahrungen und den Rat von mindestens drei zuverlässigen Menschen sichern – von Einheimischen wie auch möglichst von einem anderen Zuzügler aus dem Ausland, der schon vor Ihnen die Erfahrungen gemacht hat, die Ihnen noch bevorstehen. Vorsicht: Makler, Grundstücksverkäufer, Repräsentanten von Baufirmen und Notare sollten nicht zu diesen dreien gehören! Von ihnen werden Sie ungeschminkte Wahrheiten nicht erfahren – am ehesten allenfalls von einem wirklich neutralen Notar, der nicht hinter den Kulissen mit der Immobilienbranche verbandelt ist. Um das zu erkennen, müßten Sie aber schon eine bessere Kenntnis der örtlichen Zusammenhänge mitbringen, als man es von einem Neuling erwarten kann.

4. Wie fit sind Sie sprachlich?

Wie rasch Sie sich in Ihrem Zielland wirklich zu Hause fühlen, wird wesentlich davon abhängen, wie Sie sich sprachlich verständigen können. Für die ersten Kontakte mit den neuen Nachbarn, für den Austausch praktischer Erfahrungen oder für das Verstehen von Vertragstexten und Behördenformularen reichen ein paar Vokabeln aus dem Urlaubsrepertoire nicht aus.
Während man auf Reisen fast überall mit ein paar Brocken Englisch ganz gut zurechtkommt, ist die Situation eines Aussteigers eine ganz andere. In vielen nicht-englischsprachigen Ländern genügt Englisch zwar als Hilfssprache in Hotels und bei organisierten Touren, doch wer sich dort mehr oder weniger permanent niederlassen möchte und die eigentliche Landessprache nicht versteht, bleibt eben im touristischen Ghetto stecken. Mehr noch: Man bleibt abhängig von (nicht immer zuverlässigen) »Helfern«, Anwälten

und Maklern, die allzugern ein paar wichtige Details nicht oder falsch übersetzen. Und man bleibt ausgegrenzt in der so wichtigen Alltagskommunikation: beim Schwätzchen auf der Straße, bei Festen und Einladungen und auf Versammlungen, bei denen man wichtige Diskussionspunkte nicht versteht.

Mit dem Versprechen, solchen Defiziten abzuhelfen, hat sich der Sprachkursmarkt in letzter Zeit zu einer regelrechten Boom-Branche entwickelt. Je nach Stand der Vorkenntnisse hat man die Wahl zwischen Selbstlernprogrammen für zu Hause, Sprachkursen am Heimatort, Fernunterricht und einem Sprachkurs im Zielland.

• *Selbstlernprogramme für zu Hause* kombinieren meist Hörkassetten mit Lehrbüchern oder setzen den PC als Schule auf dem eigenen Schreibtisch ein. Gerade das Angebot von Sprachsoftware ist in jüngster Zeit gewaltig gewachsen. Während Diskettensprachkurse meist recht konventionell aufgebaut sind, bieten gut konzipierte CD-ROMs lebendiges, interaktives Sprachtraining mit Video-Elementen, die Situationen simulieren, in denen man sich in der fremden Sprache zurechtfinden muß. Die Dialoge sollten schlüssig aufgebaut und von Muttersprachlern verständlich gesprochen sein; die eigenen Antworten werden dann mit der korrekten Vorgabe verglichen. Weil man häufig auf vertiefende Erklärungen, Regeln und weitere Übungsbeispiele angewiesen sein wird, sollte per Mausklick jederzeit der Zugriff auf den grammatikalischen »Unterbau« des gerade Gelernten möglich sein.

Sei es auf Kassette oder am PC-Lautsprecher: Bei allen Selbstlernprogrammen ist die akustische Komponente unerläßlich, weil ja ein Muttersprachler als Gesprächspartner fehlt. Das Einhören in die Sprache ist aber ein besonders wichtiger Schritt zu ihrem Verstehen. Mit Selbstlernprogrammen ist man unabhängig von Kursterminen und Schulräumen. Allerdings erfordern sie viel Selbstdisziplin und sind eher zum Ausbau vorhandener Grundkenntnisse als für absolute Anfänger geeignet.

• *Sprachkurse am Heimatort* müssen mit besonderer Sorgfalt ausgewählt werden. Schließlich geht es dabei meistens um viel Geld. Auch große Namen im Sprachschulgeschäft sind keine Garantie für einen wirklich seriösen Kurs. Unbedingt sollten Sie auf einem kostenlosen und absolut unverbindlichen Einstufungstest bestehen. Sein Ergebnis muß sicherstellen, daß Sie in einen Kurs aufgenommen werden, der Sie weder unter- noch überfordert. Daher ist die erste Unterrichtsstunde nach dem Test besonders wichtig. Haben Sie darin wirklich den Eindruck, daß nur Teilnehmer mit annähernd gleichem Vorwissen in der Gruppe sind? Oder war der Test vielleicht nur »Show«, nach dem dann doch Teilnehmer mit ganz unterschiedlichen Vorkenntnissen zusammengebracht wurden, um die Gruppe zu vergrößern und sie damit rentabel zu machen? Wie steht es mit dem Rücktrittsrecht, wenn Sie solche Schwächen entdecken oder wenn sich der Kursleiter als unqualifiziert oder nicht einmal als Muttersprachler erweist?

Daß der Kursleiter Muttersprachler der zu lernenden Sprache und zudem noch didaktisch qualifiziert (also ausgebildeter Lehrer, zumindest aber Student im höheren Semester) ist, zählt bei Sprachkursen ebenso wie Qualität und Lebendigkeit des Lehrmaterials. Lassen Sie sich das Lehrmaterial zeigen, bevor Sie den Kurs buchen! Meist muß es für einen Extrapreis zusätzlich zur Kursgebühr erworben werden, und nicht selten ist gerade das von den Schulorganisationen selbst produzierte Material deutlich überteuert.

Um einiges billiger als kommerzielle Sprachschulen sind die Kurse an Volkshochschulen. Im allgemeinen sind bei ihnen

aber das Lerntempo geringer, die Gruppen größer und der Unterricht weniger intensiv. Aber das hängt fast immer von Eigeninitiative und Persönlichkeit des Kursleiters ab: An manchen Volkshochschulen bilden sich über Jahrzehnte treue Fangemeinden für einen bestimmten Sprachkursleiter, der günstigstenfalls auch Reisen in die Zielländer und Begegnungen mit Muttersprachlern der zu erlernenden Sprache organisiert. Auch der Leiter selbst sollte wiederum möglichst Muttersprachler sein.
In Universitätsstädten läßt sich mit Aushangzetteln an den Schwarzen Brettern der jeweiligen Uni-Institute Kontakt zu ausländischen Studenten oder Institutsassistenten knüpfen, mit denen man selbst einen kleinen Sprachkurs aufziehen kann. In Frage kommen vor allem Institute für Anglistik/Amerikanistik (Englisch), Romanistik (Spanisch, Italienisch, Französisch), Völkerkunde und landes- oder kontinentbezogene Institute wie solche für Asien- oder Afrikaforschung oder Sinologie (Chinakunde). Vom intensiven Einzelunterricht bis zum regelmäßigen, lockeren Konversations-Stammtisch sind alle Varianten denkbar.
Nicht selten entstehen aus den ersten Kontakten mit den muttersprachlichen Studenten oder Assistenten schon Verbindungen zum Aussteiger-Zielland, etwa zu Verwandten und Freunden des »Amateur-Sprachlehrers«. Daß er für das Sprachtraining ein ordentliches Stundenhonorar erhalten sollte, ist eigentlich selbstverständlich. Dennoch ist diese selbst organisierte Variante eine der billigsten.
In den größten Städten Deutschlands bieten auch sogenannte Kulturinstitute der jeweiligen Länder Sprachkurse an – beispielsweise der British Council (Englisch), das Institut Français beziehungsweise Maison de France (Französisch) und das Instituto Cervantes (Spanisch). Diese Institute sind die offiziellen Kulturvertretungen der jeweiligen Regierun-

gen und eng mit den Konsulaten koordiniert. Die Kurse haben durchweg einen guten Ruf, sind aber nicht unbedingt billig.

• *Fernunterricht* ist eine Variante des Spachtrainings, die wie die Selbstlernkurse für zu Hause viel Ausdauer und Selbstdisziplin erfordert. Allerdings steht man in regelmäßigem Kontakt zu seinem persönlichen Betreuer, meist Tutor genannt. Er sorgt im besten Sinne für den »sanften Druck« von außen, steht für Verständnisfragen zur Verfügung und korrigiert Übungsbögen und Tests, die den Fernkurs begleiten. Ein dynamisches Wachstum und kreative, interaktive Bereicherungen des Kursablaufs werden künftig bei Online-Fernkursen erwartet.

Auch bei Fernsprachkursen sind vor Abschluß eines Vertrages die rechtlichen Aspekte besonders gründlich zu prüfen. Wichtige Punkte sind wiederum Rücktrittsrecht und anteilige Kostenerstattung bei vorzeitigem Abbruch, ferner Art des Lehrmaterials und des Diploms bei der Abschlußprüfung: Ist der Abschluß nur institutsintern oder allgemein anerkannt? Wichtig: Alle Fernkursangebote müssen von der Zentralstelle für Fernunterricht (ZFU) in Köln geprüft und zugelassen worden sein. Meistens werben die Anbieter von Fernkursen schon in ihren Anzeigen mit dem ZFU-Siegel.

• *Sprachreisen ins Zielland* sind für Teilnehmer mit sprachlichen Vorkenntnissen gedacht, also nicht für absolute Anfänger. Der Sprachreisemarkt hat auch heute noch seine Grauzonen; die Klagen über mehr improvisierten als qualifizierten Unterricht, über enge Dachkammern als Klassenräume, eilig angeheuerte Aushilfs-»Lehrer« und unfreundliche Gastfamilien haben aber in den letzten Jahren deutlich abgenommen. Wichtigster Grund: Viele Sprachreiseanbieter werden regelmäßig kontrolliert und beurteilt – von der Stiftung Warentest (die immer wieder Kursbewertungen durchführt und die Ergebnisse in ihrer Zeitschrift *test* veröffentlicht), von der Aktion Bildungsinformation (ABI) und auch von der Dachorganisation der Branche selbst, dem Fachverband Deutscher Sprachreise-Veranstalter (FDSV). Mitgliedsfirmen, die anhaltend gegen die Qualitätsstandards dieses Verbandes verstoßen, werden aus ihm ausgeschlossen und dürfen nicht mit seinem Siegel werben.

Unter Sprachreise-Veranstaltern finden sich straff geführte, weltweit operierende Konzerne ebenso wie Ein-Personen-Firmen, bei denen sich nur der Anrufbeantworter meldet, wenn der Inhaber gerade mit seiner einzigen Schülergruppe unterwegs ist. Besonders in spanischsprachigen Ländern liegen Sprachkurse im Trend, die Teil eines sozialen Projektes sind – etwa zur Unterstützung von ökologisch wirtschaftenden Agrarkooperativen, von kulturellen oder sozialen Projekten oder von Kleinbauern, bei denen man auch wohnt.

Grundsätzlich gilt: Wenn man seine Sprachreise bei einem deutschen Veranstalter bucht, genießt man den Schutz des strengen deutschen Reiserechts. Man kann also bei begründeten Reisemängeln hierzulande erfolgreich vor Gericht klagen. Dieselbe Sprachschule, in der der Unterricht am Zielort stattfindet, kann man in der Regel auch direkt von hier aus buchen, wenn man Anreise und Unterkunft organisiert. Das kann billiger sein, aber bei Mängeln muß man sich dann eben mit Gerichten und Gesetzen des Ziellandes herumschlagen – meistens ein aussichtsloses Unterfangen.

Bevor man eine Sprachreise bucht, sollte man sich über sein eigentliches Ziel im klaren sein und es auch dem Reiseveranstalter (möglichst schriftlich) mitteilen. Sollte es später Probleme geben, könnte der Nachweis wichtig werden, daß man sein persönliches Kursziel klar benannt hat: etwa ob Grundlagen der Grammatik und ihre Anwendung im Vordergrund stehen sollen oder eher die lockere Konversation mit

Einheimischen, ob man fachspezifisches Vokabular, etwa für bestimmte Interessen und Berufe, erlernen will oder den Sprachkurs mit Zusatzaktivitäten kombinieren möchte – vom Kochen in der Toskana bis zu Sport, Malen oder Töpfern.

Wie beim Sprachkurs am Heimatort ist auch für den Erfolg einer Sprachreise ein qualifizierter Einstufungstest unerläßlich. Außerdem muß vor der Buchung geklärt werden, wie viele Teilnehmer in der Gastfamilie wohnen. Grundsätzlich sollte kein anderer deutschsprachiger Gast in derselben Familie untergebracht sein, damit man wirklich die Landessprache praktizieren muß und man sprachliche Klippen nicht bequem auf Deutsch umschiffen kann. Aus demselben Grund ist auch ein Sprachkurs zusammen mit einem guten Freund eine schlechte Idee.

• *Im Zielland Ihres Aussteigerlebens* ist ein gutes, handliches Wörterbuch nach wie vor durch nichts zu ersetzen. Sogenannte elektronische Wörterbücher (Pocket Translators) sind in der Handhabung zeitraubend, umständlich und in der Übersetzung nicht immer korrekt. Überhaupt ist die Übersetzungselektronik noch weit davon entfernt, einem die Arbeit abzunehmen: Software, die per Mausklick die zusammenhängende Übersetzung ganzer Texte verspricht, liefert in schöner Regelmäßigkeit unsinnigen Wortsalat. Zu komplex sind die feinen Bedeutungsunterschiede einzelner Begriffe und die Strukturen des Satzbaus der Sprachen.

Immer wieder kann man die Erfahrung machen, daß sich deutsche Sprachschüler ein Leben im Ausland erst zutrauen, wenn sie sich für sprachlich fast perfekt halten. In anderen Kulturen geht man dagegen viel lockerer mit Sprachdefiziten um – die sich ja letztlich am besten beseitigen lassen, indem man der alltäglichen Kommunikation ausgeliefert ist. Also: Nur Mut, auch mit nur mittelprächtigen Sprachkenntnissen den Sprung zu wagen! Keine Angst vor Fehlern! Keine Hemmungen, einfach loszuplappern! Man wird das, was Sie sagen wollen, verstehen – und man wird an Ihren Mühen merken, wie ernst es Ihnen ist, sich in Ihrer neuen Zweitheimat zu integrieren. Das ist ein ganz wichtiger Punkt, der Ihnen von Anfang an Sympathien einbringen wird.

Zunächst wird es darauf ankommen, überhaupt zu verstehen und verstanden zu werden – also einen Kommunikationsfluß in Gang zu halten, ohne ihn andauernd mit Korrekturen zu unterbrechen. Erst in der zweiten Phase, wenn auf beiden Seiten Vertrauen und Sympathie gewachsen sind, sollten Sie Ihre neuen Bekannten bitten, Sie zu korrigieren. Von diesen Korrekturen werden Sie am meisten lernen. Zerlegen Sie das, was Sie sagen wollen, in kurze, einfache Sätze! Verstricken Sie sich nicht in verschachtelten Nebensätzen – und umschreiben Sie Begriffe, die Sie nicht kennen, mit einfachen Wörtern! Das kann man üben, und ganz nebenbei ist das ein perfektes Training sprachlicher Kreativität.

Vor allem aber: Seien Sie locker genug, über Ihre unabsichtlich witzigen Fehler und Wortverwechslungen selbst herzhaft mitzulachen! Auch das wird Ihnen Sympathien einbringen. Und vergessen Sie nicht, daß Ihr sprachlicher Hürdenlauf im wahrsten Sinne ein sportliches Ausdauertraining ist: »Sprachsicherheit ist wie ein Muskel«, sagt die kalifornische Professorin Lilly Wong-Fillmore. »Wenn Sie ihn nicht trainieren, wird er abschlaffen. Je dauerhafter Sie ihn beanspruchen, desto kräftiger wird er.«

5. Wie unabhängig sind Sie?

Sind Sie für andere Menschen verantwortlich – und wenn ja, für wen? Werden Ihre Eltern bald in ein Alter kommen, in dem sie Ihre Hilfe und Ihre Nähe brauchen? Sind Ihre Kinder wirklich schon selbständig genug, um ohne Sie auszukommen? Ganze Familien haben sich schon abgrundtief zerstritten, weil sich ein Angehöriger aus der Sicht der anderen verantwortungslos aus dem Staub gemacht und sich vor familiären Verpflichtungen gedrückt habe.

Hier ist der klassische Konflikt zwischen Freiheit und Verantwortung zu klären – und zwar möglichst rechtzeitig, möglichst ruhig und möglichst pragmatisch. Läßt sich vielleicht unter Geschwistern die Betreuung eines Angehörigen umschichtig regeln? Das ließe sich dann durchaus mit einem Teilzeit-Aussteigerprojekt vereinbaren, bei dem Sie sich im Zielland jeweils für einige Monate mit Partnern abwechseln. Wenn Sie allerdings erkennen, daß Angehörige Sie nur unter dem Vorwand einer angeblichen familiären Verpflichtung ans Gängelband nehmen und Ihren Aussteigertraum verhindern wollen, bleiben Sie hart! Erklären Sie ihnen, daß Sie schließlich nicht auf einem anderen Planeten leben werden, sondern daß Ihre alte Heimat von der neuen nur einige Flugstunden entfernt ist.

Hinzu kommt ein Punkt, der in der Vorbereitung auf den Absprung fast immer unterschätzt wird: Können Sie wichtige praktische Dinge so regeln, daß Ihre Anwesenheit entbehrlich ist? Können Sie vertrauenswürdigen Verwandten oder guten Freunden eine Empfangsvollmacht für Einschreibsendungen an Ihre deutsche Adresse geben? Wer ist bevollmächtigt, für Sie mit Behörden, Versicherungen und mit der Bank zu kommunizieren und zu verhindern, daß von Ämtern gesetzte Fristen zu Ihrem Nachteil verstreichen?

Wer prüft, ob Rechnungen, die in Ihrer Abwesenheit eingehen, berechtigt und im Detail korrekt sind?
Immer wieder sind Fristen einzuhalten: Zahlungsfristen, um Mahnungen, unliebsame Säumniszuschläge und gerichtliche Mahnbescheide zu vermeiden, aber auch Einspruchsfristen gegen unbegründete Forderungen und gegen fehlerhafte Kontoabschlüsse bei der Bank. Wer wird das für Sie übernehmen? Haben Sie genug Vertrauen zu Ihrem Steuerberater, daß er in Ihrem Namen, aber allein alle steuerlichen Dinge mit dem Finanzamt regelt, keinen Steuervorteil verschenkt und keine Einspruchsfrist verpaßt?
Wichtige Dokumente lassen sich fast überallhin per Fax übermitteln. Aus Ihrem Zielland können Sie sich also ohne Zeitverlust in alles persönlich einschalten, was nur Sie selbst regeln wollen. Aber erstens läßt sich Ihre Unterschrift unter ein wichtiges Dokument nicht als Original per Fax zurückschicken. Und zweitens brauchen Sie verläßliche Menschen in der alten Heimat, die erkennen, was wirklich wichtig ist, die mit Ihnen in Kontakt bleiben und die Ihnen bei komplexeren Angelegenheiten die Zusammenhänge erläutern. All das erfordert häufig mehr Zeit und Schreiberei, als zuvor angenommen wurde.
Immer wieder bestätigen Aussteiger diesselben Erfahrungen: Zu gelegentlichen Gefälligkeiten sind Freunde und Bekannte anfangs fast immer bereit. Wenn wichtige Dinge und die Kommunikation über sie aber unerwartet umfangreich und umständlich werden, kann durchaus eine ernste Belastung dieser Freundschaft drohen. Mit der Suche nach einer individuellen Lösung, wie solche Belastungen zu vermeiden sind, können Sie gar nicht früh genug beginnen!

6. Wie groß ist Ihre Frust-Toleranz?

Die Geschichte ist schon oft erzählt worden, weil sie so schön ist. Weil sie aber auch typisch ist für den Hürdenlauf auf dem Weg zum Aussteigerziel, soll sie hier noch einmal erzählt werden. Es ist die Geschichte des deutschen Fotografen Eric Klemm auf der winzigen Malediven-Insel Makunufushi – von ihm erworben, von ihm umbenannt in Cocoa Island und von ihm zur »distinguiertesten aller Touristen-Inseln der Malediven« *(FAZ-Magazin)* entwickelt: mit maximal 16 Gästen in acht Bungalows klein, fein und teuer.

Was der Fotograf, der eher aus Zufall zum Hotelier wurde, vor der Eröffnung erlebt hat, hätte andere die Flucht ergreifen lassen. Zunächst lebte er völlig allein auf dem Inselchen, weitab von medizinischer Versorgung, und begann, das stickige Dickicht zu lichten. Alsdann kenterte das Boot, das die Baumaterialien liefern sollte. Wenig später entpuppte sich ein Bautrupp von angeblichen Experten als Gruppe von Zimmerkellnern einer Ferieninsel in der Nähe, die zwar am Baulohn interessiert, aber in Bauarbeit total unerfahren waren. Dann verwüsteten tropische Stürme immer wieder die halbfertigen Konstruktionen.

Zur lange geplanten Eröffnungsfeier, am 13. Februar 1981, lag schließlich die komplette Kücheneinrichtung auf dem Meeresgrund: Der Frachter, der sie aus Singapur heranschaffen sollte, war auf ein Riff gelaufen. Weil auch die Einfuhrlizenz für Alkohol immer länger auf sich warten ließ, ruhten die bestellten Bierkästen friedlich im Zolldepot. Und schließlich machte der deutsche Reiseveranstalter, der die ersten Gäste geworben hatte, auch noch Pleite.

Wohlgemerkt: Dies ist nicht die Geschichte eines gescheiterten Projekts. Es sind die Anfänge eines Aussteigertraums, der dann doch gelang: Heute ist Cocoa Island im Katalog der edlen »Relais et Chateaux«-Hotels zu finden und wird in Malediven-Reiseführern regelmäßig mit ehrfürchtigem Respekt beschrieben.

Hätten Sie die Nerven und das Durchhaltevermögen eines Eric Klemm? Je einsamer Ihr Paradies, desto umständlicher so manches Detail. Allein die Beschaffung von gültigen Autonummernschildern aus der jeweiligen Hauptstadt kann Sie in manchen Ecken der Welt drei Wochen hartnäckigsten Einsatzes kosten: unzählige Telefonate mit verschiedenen Sachbearbeitern beim Zoll (das Auto mußte natürlich importiert werden!), in der Zulassungsstelle und mit Prägeanstalten, Aufspüren einer fehlgeleiteten Banküberweisung für die Zulassungsgebühr, Abholung der Kennzeichen durch einen Beauftragten, Aufgabe der Schilder bei einer Linienbusgesellschaft als Kuriergut für den Transport in Ihre Region – das alles kostet Zeit und Nerven. Oder stellen Sie sich vor, zur Beschaffung eines dringend benötigten Ersatzteils für Ihre Solarstromanlage müßten Sie eine zweitägige Reise unternehmen – nur um im Lager des Importeurs festzustellen, daß es zu Ihrem speziellen Gerätetyp nicht paßt.

Wenn Sie Ihre Nerven mit so etwas nicht strapazieren wollen: Wählen Sie lieber ein Ziel mit halbwegs intakter Infrastruktur! Das Robinsonparadies wäre es dann zwar nicht, aber Ihre Gemütsruhe sollte Ihnen wichtiger sein als die Selbstbestätigung, einen nie endenden Kampf gegen immer neue Widrigkeiten zu bestehen. Wo bei wem ganz individuell die positiv zu bewältigende Herausforderung aufhört und der Frust beginnt, kann wiederum nur jeder für sich herausfinden. Prüfen Sie sich auch in diesem Punkt ehrlich – und vor allem rechtzeitig!

7. Sind Sie wirklich souverän?

Diese Frage zielt ganz direkt auf Ihre Persönlichkeit. Wenn Sie sich dieser Frage nicht rechtzeitig vor der Entscheidung stellen, wird sie Sie mit hoher Wahrscheinlichkeit an Ihrem Ziel einholen. An Anlässen, die Sie zur Prüfung Ihrer Souveränität zwingen, wird es dort nicht fehlen.
Herauszufinden, was Ihr inneres Ego wirklich ist und was es wirklich will, ist in unserer modernen Markenwelt alles andere als leicht. Souveränität heißt in diesem Zusammenhang vor allem das Abschütteln von Imageschablonen. Sie verstellen nur allzuoft den Blick auf den Kern unserer Sehnsüchte und Ziele.
Nur ein Beispiel: Der Unterschied zwischen dem Sweatshirt einer bekannten Lifestyle-Marke und einem No-Name-Sweatshirt liegt schon lange nicht mehr in der Qualität von Material und Verarbeitung begründet. Beide werden in Billiglohnländern zu Dumpingpreisen gefertigt. Allein das Marketing macht meistens den Unterschied, die Werbung etwa mit teuren Stars. Resultat ist eine moderne Zweiklassengesellschaft: Einige Prominente erhalten viel zuviel Geld, um für Marken-Sweatshirts oder Sportschuhe zu werben – und Millionen Normalbürger zahlen viel zuviel Geld für dasselbe Markenprodukt, nur um mit seinem teuren Trendimage von Freiheit und Abenteuer zu beweisen: Ich gehöre dazu.
Hier kann Souveränität beginnen. Machen Sie das Spiel nicht mit! Legen Sie die Fremdbestimmung Ihres Egos ab! Legen Sie systematisch Geld auf die Seite, und zwar pfenniggenau die Differenz zwischen dem Preis des Trendmarken-Sweatshirts und dem, das Sie dann kaufen. Eröffnen Sie am besten ein Konto, auf das Sie exakt diese ersparten Summen einzahlen! Sie können es Ihr Freiheitskonto nennen

oder Ihr Aussteigerkonto – und Sie können damit über die Jahre einen Beitrag zum Start in die wirkliche Freiheit ansparen.
Wie schnell das Guthaben auf Ihrem Freiheitskonto wächst, wird davon abhängen, auf welche äußeren Etiketten Sie verzichten können. Muß es das teure Prestige-Auto aus der Fernsehwerbung sein – oder fühlen Sie sich in einem pfiffigen, sparsamen Kleinwagen genauso wohl? Wieder gilt: Differenz ausrechnen – und aufs Freiheitskonto damit! Muß es immer das feine Restaurant sein, oder ist nicht der Wechsel zwischen urig-einfach und dann mal wieder richtig edel-elegant viel spannender? Gesparte Edel-Essen berechnen – und Differenz aufs Konto! So wird der Kontoauszug Monat für Monat zum Barometer Ihres Widerstands gegen die Imagemanipulation – und Ihr Startkapital für den Ausstieg aus allen Schablonen wächst und wächst.
Erkennen Sie die Zwangsjacken des Marketing! Können Sie aus den engen Schubladen springen, in die Sie Marktforscher und Werbeleute stecken wollen? Schaffen Sie es, sich nicht reduzieren zu lassen auf die Kategorien der Manipulierer – auf den konservativen Markentreuen, auf den lifestyleorientierten Genießer mit goldener Kreditkarte, auf den sportiven Single mit Design-Orientierung? Verinnerlichen Sie die Erkenntnis: Sie sind mehr als ein programmierbares Rädchen im Konsum- und Geldkreislauf. Sie sind mehr als ein Verbraucher, Kreditnehmer oder Bausparer: Sie sind vielleicht alles zusammen, aber mit Sicherheit noch viel mehr! Die seelenlosen Zielgruppenkategorien der Manipulierer sind die Kategorien von gestern – aber Ihr freier Lebensentwurf ist der von morgen!
Wenn Sie die Zwangsjacken der Marketingmanipulateure sprengen, sind Sie übrigens in bester Gesellschaft. »Heute edel, morgen Aldi«, heißt zum Entsetzen der Zielgruppen-

strategen immer öfter die Devise von sogenannten »vagabundierenden Konsumenten«. Auch das, sagen Trendforscher, ist schon ein erster Schritt zu mehr Freiheit und echter Souveränität: Bald vorbei seien die Zeiten, in denen Brillantenuhr und Protzauto den Status markieren. Wer wirklich souverän ist, muß niemandem mehr zeigen, daß er es sich leisten kann, vom 200er Mercedes in die S-Klasse aufzusteigen. Im Gegenteil: Er kann es sich leisten (!), ein altes Auto mit ein paar Kratzern zu fahren und lässig gekleidet zu sein. Hier beginnt Souveränität – und eben auch die Freiheit auszusteigen.

Souveränität heißt aber auch: Lassen Sie sich Ihren Traum nicht entwerten! Nur weil so wenige Menschen ihre wahren Träume zu verwirklichen wagen, und nur weil den meisten die Annäherung an ein paradiesisches Leben unerreichbar scheint, werden die kostbarsten, ans Innerste eines jeden von uns rührenden Begriffe von der Werbewelt so gnadenlos vergewaltigt. Die »Traumküche«, das »Möbelparadies«, die »Fitness-Oase« mit ein paar staubigen Kunstpalmen irgendwo im schäbigen Gewerbegebiet sind traurige Raubkopien der ganz großen Sehnsüchte, denen nachzuspüren sich die meisten gar nicht mehr trauen. Wenn auch Sie also mit den Kopien zufrieden sind, brauchen Sie nicht auszusteigen. Oder wollen Sie das Original? Dann eben doch!

Der Absprung aus dem Alltagstrott ist eine fantastische Gelegenheit, Ihrem eigenen Selbst näher zu kommen. Sollte dieses eigene Selbst schon zu lange verschüttet sein, hilft ziemlich sicher eine Rückblende in Ihre Kindheit und in Ihre Jugend. Nehmen Sie sich unbedingt dafür Zeit! Stöbern Sie auf dem Dachboden nach Ihren Tagebüchern von früher, nach dem Fotoalbum mit Bildern aus Ihrer Kindheit, nach Bücherkisten mit Ihren liebsten Jugendbüchern! Was haben Sie damals gelesen, was hat Sie fasziniert und in den

Bann gezogen? An welche frühen Interessen von Ihnen erinnern sich Geschwister, Jugendfreunde, Ihre erste große Liebe oder die Eltern?
Nicht wenige Aussteiger haben erst bei einer solchen Spurensuche entdeckt, daß sich mit dem alternativen Lebensentwurf im Ausland für sie ein Kreis schließt – daß sie zunächst vielleicht unbewußt ein Zielland oder ein Projekt gewählt haben, das dann aber überraschend viel gemeinsam hat mit den lange beiseite geschobenen Träumen und Interessen ihrer Kindheit und Jugend.
Ich hatte vor einiger Zeit das Vergnügen, an einer Zeitschrift mitzuarbeiten, deren Texte und Bilder ausschließlich von ihren Lesern stammten. Mehrere Millionen Hefte kamen in Umlauf, und Zehntausende kreative Leserbeiträge landeten auf den Tischen des Verlages. Wir waren nahezu erschlagen von der Vielfalt der Interessen und Talente, die aus diesen Texten und Bildern »ganz normaler« Leute zum Ausdruck kam: spannende Expeditionsberichte von Lagerarbeitern, subtile Liebeslyrik von Supermarktkassiererinnen, hintersinnige Cartoons von Kraftfahrzeugmechanikern, gekonnt erzählte Kurzgeschichten von Finanzbeamten. Waschkörbeweise Einsendungen unentdeckter Talente, die in dieser Zeitschrift ein Ventil zur Entfaltung gefunden hatten – und ein Beweis dafür, daß in jedem von uns viel mehr steckt, als wir auf unseren beruflichen Schmalspurgleisen entfalten können.
Diese Erfahrung bestätigte eindrucksvoll: Es ist die Mühe wert, seinem eigenen Selbst nachzuspüren – und seinen Aussteiger-Lebensentwurf damit in Einklang zu bringen! Ausgeglichenheit, Zufriedenheit und innere Harmonie können der Lohn dafür sein.

8. Wissen Sie, was ein ganz neuer Anfang bedeutet?

Sind Sie darauf vorbereitet, daß in Ihrer neuen Zweitheimat zunächst nur Ihr nacktes Ego zählen wird? Niemand kennt Sie dort. Die Anerkennung und Wertschätzung, die Sie sich zu Hause im Beruf und in Ihrem sozialen Umfeld aufgebaut haben, bedeuten plötzlich gar nichts mehr. Jahrzehntelang aufgebautes Fachwissen, Autorität, Prestige und Kontakte zu wichtigen Leuten: aus und vorbei. Allein Ihr eigenes Selbst, ungeschützt und verwundbar, wird von Ihren neuen Nachbarn, Freunden und Bekannten wahrgenommen. Und Ihr Verhalten wird genauestes beobachtet und bewertet; jede unbedachte Kleinigkeit zählt dabei mit.

Darin liegt eine großartige Chance: Sie beginnen ganz von vorn. In einem ganz neuen Umfeld können Sie sprichwörtlich ein neuer Mensch werden. Sie müssen sich nicht mehr an dem Bild messen lassen, das Chefs, Kollegen und Freunde zu Hause von Ihnen haben – ein Bild, an dem Sie vielleicht selbst fleißig mitgemalt haben, um Ihren Status zu heben oder um Ihre Karriere zu fördern. In Ihrer neuen Umgebung können Sie das alles über Bord werfen. Verformungen Ihrer Persönlichkeit können Sie wieder geradebiegen.

Immer wieder vergleichen Aussteiger diesen völligen Neubeginn mit der Vorstellung, die wir von einer Wiedergeburt haben. Wieder, fast wie in Ihrer Kindheit, müssen Sie lernen. Diesmal nicht von Eltern, Freunden und Schullehrern, sondern von Einheimischen und von ausländischen Neuansiedlern, die schon vor Ihnen angekommen sind. Von der Frage, wessen Hilfe Sie annehmen und wessen nicht, wird ganz wesentlich abhängen, wie Sie sich in Ihrer neuen Umgebung integrieren. Überall gibt es Freundschaften und Feindschaften zwischen Großfamilien, zwischen Drahtzie-

hern für offene oder versteckte Eigeninteressen, zwischen geschäftlich verbandelten Gruppen und Religionsgemeinschaften: Plötzlich sind Sie mittendrin, stehen ahnungslos schon auf einer Seite – nämlich auf der, zu der Sie Ihre ersten Kontakte geknüpft haben. Das Abenteuer beginnt.
Sie werden Dinge lernen, deren Bedeutung Sie sogar noch bei Ihrer Entscheidung zum Absprung völlig unterschätzt hatten: über ganz andere Baumaterialien und Bautechniken, als Sie sie aus der alten Heimat kennen, über Ansprüche von fremden Pflanzenarten an Licht, Wasser und Boden, über Generatoren, Pumpen und Solaranlagen. Und Sie tun gut daran, von den richtigen Leuten zu lernen. Wer sich nur aus Furcht vor falschen Freunden isoliert, wer mit Zentnern schlauer »Jetzt-helfe-ich-mir-selbst«-Bücher aus Deutschland anreist und sich damit in seinem Domizil verschanzt, begeht einen schweren Fehler. Er wird – eine bittere Erfahrung vieler Aussteiger – teures Lehrgeld zahlen, Schadenfreude ernten und den Stolz seiner neuen Nachbarn verletzen.

9. Sind Sie ausgeglichen und konfliktstark genug?

Auf Mallorca werden Sie als Neuankömmling aus Germanien nicht weiter auffallen: Willkommen im deutschen Club zwischen Ballermann-Bierbar und Bernds Bike-Verleih! Ganz anders in exotischen Ländern, wo Sie weit und breit der einzige Deutsche, vielleicht sogar der einzige Europäer sind. Hier werden Sie im Mittelpunkt stehen. Ob es Ihnen nun recht ist oder nicht, werden Sie dort sozusagen zum Botschafter Ihres Landes. So wie Sie sind und wie Sie handeln, so ist und handelt dann eben der Europäer – in den Augen der Einheimischen. Eine interessante Umkehr der Perspektive, die wir hier in Deutschland haben: Auch unser Bild von »den Italienern«, von »den Mexikanern« oder »den Türken« gründet sich ja allzuoft auf Erfahrungen und Begegnungen mit einem einzigen (oder ganz wenigen) Angehörigen dieser Nationalitäten. Vorschnelle Pauschalurteile und Verallgemeinerungen sind eben überall schnell bei der Hand.

Wenn Sie der erste sind, der in Ihrer neuen Umgebung das Bild »des Deutschen« prägt, starten Sie sozusagen auf neutralem Terrain. Schwieriger wird es, wenn Sie der zweite sind und sich vor Ihnen oder im Nachbarort die Nummer eins, ein anderer Deutscher also, gründlich daneben benommen hat. Dann liegt es an Ihnen, den Eindruck korrigieren zu müssen, den dieser Zeitgenosse hinterlassen hat. Ganz gleich, ob er sein Hauspersonal schlecht behandelt oder einen Automechaniker um seinen Lohn geprellt hat, ob er sich exzessiv dem Alkohol oder gar den Drogen hingegeben hat oder in Gaunereien verwickelt war: Er hat das Bild von »dem Deutschen« geprägt – und nun richten sich alle Augen auf Sie! Es kann dann eine Zeitlang dauern, bis sich verständliches Mißtrauen in vorurteilslose Offenheit verwandelt.

Aber auch Sie selbst werden eine Balance entwickeln müssen zwischen gesundem Mißtrauen einerseits und vorurteilslosem Einfühlungsvermögen in eine andere, meistens lässigere Mentalität andererseits. Das gelingt am besten, wenn Sie Ausgeglichenheit mit Beharrlichkeit und Konfliktstärke verbinden können. Letztere brauchen Sie durchaus, um jedem klarzumachen, daß Sie sich nicht übervorteilen lassen – zum Beispiel, wenn Sie sich ganz genau vergewissern, daß Sie ein Grundstück tatsächlich vom rechtmäßigen Eigentümer kaufen und nicht aus einer Schönwetterlaune heraus schon einem netten Menschen eine

»Anzahlung« in die Hand drücken, der nur auf dem Land wohnt (übrigens immer noch ein erstaunlich häufiger Aussteigerfehler).

Auch sonst kommt es darauf an, gleich vom Start weg zu zeigen, daß man Sie nicht über den Tisch ziehen kann – vor allem, daß Sie keine überhöhten »Touristenpreise« akzeptieren werden. Wer sich in einem für unsere Maßstäbe »billigen« Land bei Ladenbesitzern, an der Tankstelle oder beim Hauspersonal einschmeicheln möchte, indem er gerne einmal ein bißchen mehr zahlt als üblich, verliert ganz schnell die Achtung der neuen Nachbarn.

Schlimmer noch: Wer aus durchaus ehrenwerten Motiven einer Köchin, einem Zimmermädchen oder Handwerkern höhere Löhne zahlt als üblich, macht sich rasch die örtliche Geschäftswelt zum Feind. Gastwirte und Bauherren werden Ihnen hinter Ihrem Rücken nachsagen, Sie würden die Preise verderben – und die besten Leute des Ortes würden nur noch für Ausländer arbeiten wollen, weil sie bei ihnen mehr verdienen. Aus solchen unbedachten und oft gutgemeinten Kleinigkeiten kann ernsthafter Streit entstehen, mit dem Sie Ihren Neubeginn nicht belasten sollten.

Richtig heiß wird dieses Thema, wenn es um Grundstückspreise geht. Bevor Sie sich mit dem Verkäufer oder Makler handelseinig werden, sollten Sie wiederum mit der nötigen Beharrlichkeit (und notfalls Konfliktstärke) sicherstellen, daß der Preis nicht für Ihre deutschen Maßstäbe, sondern für die der Einheimischen angemessen ist. Ansonsten müssen Sie sich den Vorwurf gefallen lassen, daß Sie dazu beitragen, die Landpreise in die Höhe zu treiben. Konsequenz: Jeder Grundbesitzer in der Umgebung will künftig für sein Land mindestens den überhöhten Preis erzielen, den Sie gezahlt haben – und Einheimische müssen dann eben einige Jahre länger arbeiten, um sich eine kleine Farm oder ein

Haus kaufen zu können. Daraus kann hochexplosiver sozialer Sprengstoff entstehen – und ein Grund für Ausländerfeindlichkeit, mit Ihnen als Zielscheibe.
Sind Sie also darauf vorbereitet, täglich neu wieder die Grenze zu ziehen zwischen Beharrlichkeit und Lässigkeit, zwischen Vorsicht und Vertrauen? Sind Sie bereit, manche überkorrekte, »typisch deutsche« Pedanterie über Bord zu werfen und vieles lässiger zu sehen als zu Hause – aber eben nur bis zu einer gewissen Grenze und ohne Verlust von Autorität? Diese Balance zu finden und tagtäglich neu auszutarieren, kann anfangs ganz schön anstrengend sein!

10. Würden Sie mit 75 bedauern, jetzt nicht den Sprung gewagt zu haben?

Schwirrt Ihnen schon der Kopf von all den Fragen, die sich Ihnen stellen? Bleibt ein Rest Unschlüssigkeit? Dann stellen Sie sich in einer ruhigen Minute die Frage aller Fragen und machen Sie abermals eine Zeitreise – diesmal allerdings nicht zurück zu den Träumen und Sehnsüchten Ihrer Kindheit und Jugend (wie in Frage 7), sondern vorwärts. Dazu stellen Sie sich vor, Sie seien nun 75 Jahre alt und hielten Rückschau auf Ihr Leben. Malen Sie sich alle Einzelheiten dieser Situation so konkret wie möglich aus! Und dann fragen Sie sich: Würden Sie aus dieser Rückschau bedauern, den Absprung jetzt nicht gewagt zu haben?
Hören Sie auch gut zu, wenn alte Leute über ihr Leben erzählen – idealerweise natürlich Menschen, denen Sie sich irgendwie nahe oder sogar seelenverwandt fühlen! Klingt in deren Lebensbilanzen womöglich ein wenig Wehmut darüber durch, vor langer Zeit vielleicht eine ähnliche Chance nicht genutzt zu haben, also an einer Weiche nicht beherzt

auf ein neues Gleis abgebogen zu sein? Das sind ganz wichtige Signale, die Sie nicht übersehen sollten.
Wenn wir in unserer Dschungel-Lodge in Costa Rica auch einmal ältere Gäste beherbergen, kommt dieses Thema bezeichnenderweise immer wieder auf. Obwohl sie dort selbst miterleben, welche unerwarteten Rückschläge mit einem solchen abenteuerlichen Projekt verbunden sein können, äußern die meisten dieser älteren Gäste doch auch Bedauern darüber, etwas Ähnliches nicht einmal selbst ausprobiert zu haben – zumeist weil in den Nachkriegsjahren in Deutschland an solche »Spinnereien« einfach nicht zu denken war. Nicht selten kommt es mit diesen Gästen zu bewegenden und tränenfeuchten Abschiedsszenen: auch weil ihnen während zwei Wochen am Dschungelstrand bewußt geworden ist, daß sich im Alter nicht nachholen läßt, was man in den aktiven Jahren versäumt hat.

KONZEPTE FÜR DEN ABSPRUNG
Beispiele und Erfahrungen

Wenn es gutgeht: Aussteigen mit Erfolg

USA: Die Gästeranch im Land der Canyons

Katrin Laage aus Heilbronn heißt seit einigen Jahren Katie Austin. Und im Radius von hundert Meilen rund um die Boulder Mountain Lodge im US-Bundesstaat Utah kennt Katie beinahe jeden – und beinahe jeder kennt sie. Denn in diesem riesigen, fast menschenleeren Gebiet nennt man noch jemanden seinen Nachbarn, zu dem man drei Stunden unterwegs ist, wenn man ihn besuchen will. Boulder in Utah – das sind ein paar Farmhäuschen, zwei winzige Läden mit Benzinzapfsäulen davor, zwei Saloons. In der Umgebung dürre Halbwüste, bizarre Berge und schroff abfallende Canyons. Die nächste Verkehrsampel ist 150 Kilometer entfernt, und um sich eine Zeitung zu kaufen, sitzt man zwei Stunden im Auto.

Das also ist die neue Heimat von Katie. Aus ihrem Fenster sieht sie eine Landschaft, durch die jede Minute der Marlboro-Mann geritten kommen könnte. Eine Landschaft mit Felsen wie riesige Skulpturen: in der ersten Morgensonne strahlend orange, tagsüber ockergelb bis braun, am Abend glutrot. Und mittendrin, seit 1993, die Boulder Mountain Lodge – Katies komfortable Gästeranch mit 20 künstlerisch gestalteten Zimmern, einem kleinem Restaurant, einem selbst angelegten Teich und den Pferdeweiden gleich neben dem Schotterparkplatz.

Im riesigen Felssteinkamin prasselt das Feuer. Die Wüstenhügel ringsum werfen immer längere Schatten. Die Gäste haben sich vor dem Dinner zum Duschen und Umkleiden auf ihre Zimmer zurückgezogen. Und Katie erzählt. Völlig unterschätzt habe sie, wie extrem anders das Leben hier sei, mitten in den USA. »Wir Europäer denken doch, daß uns Amerika vertraut sei. Wir kennen amerikanische Fernsehserien, wir sehen amerikanische Kinofilme, wir kaufen amerikanische Produkte, hören amerikanische Musik und imitieren den amerikanischen Lifestyle. Wir reisen vielleicht einmal oder zweimal in die USA und denken dann, daß wir das Leben hier kennen. Von wegen!«

Worauf nämlich Katie nicht vorbereitet war, sind die ganz anderen Gesetze, die ihren Alltag im Land der Canyons und der Cowboys bestimmen. »Du kannst nicht einfach hierherkommen und deinen Traum verwirklichen wollen. Auch wenn du nur die besten Absichten hast und mit allen gut auskommen willst, auch wenn du die anderen in Ruhe lassen möchtest und selbst auch nur deine Ruhe haben willst: So wird es nicht funktionieren.«

Es funktioniert eben anders. Je weiter und wilder das Land, desto weniger kann man sich ausgrenzen. Man sei, sagt Katie, immer mittendrin und müsse Position beziehen – auch in Konflikten, die die Menschen hier schon getrennt haben, bevor man ankommt: Konflikte etwa zwischen Viehzüchtern und Umweltschützern, zwischen Traditionalisten und Utopisten. Konflikte also um die Nutzung der weiten Urlandschaft, die zum größten Teil dem Staat gehört und von den Regierungsbeamten des »Bureau of Land Management« verwaltet wird.

Seit einigen Jahren sind Katie und ihr Ehemann, Mark Austin, mittendrin in einem Spannungsfeld, von dem sie zuvor keine Ahnung hatten. »Whose side are you on?« wurden sie sehr bald und immer wieder gefragt: Auf welcher Seite steht ihr? Und wer auf der falschen Seite steht, bekommt sehr rasch zu spüren, daß hier um Positionen hart gekämpft wird. Einschußlöcher perforieren die Straßenschilder entlang der traumhaft schönen Panoramastrecke von und nach Boulder. Duelliert wurde sich hier nicht, auf Banditen geschossen auch nicht. Aber eine Warnung soll es sein: Jeder soll sehen, welche Waffen hier Tradition haben, wenn es ernst wird. Sehr ernst war es schon einmal in den 80er Jahren, als drei lebensgroße Puppen mit den Namen örtlicher Umweltaktivisten unter dem Beifall der Menge an einem Strommast im Nachbarort regelrecht gelyncht wurden. Drei Tage ließ man damals die Puppen baumeln.

Katie, 1966 geboren, ist gelernte Reiseverkehrskauffrau. Als eine unter Zehntausenden ihrer Zunft hinter deutschen Reisebüro-Beratungstischen wäre Katrin Laage sicher nie dem Bundespräsidenten begegnet. In der wilden Weite von Utah ist sie dagegen schon in ihrem dritten Gästerancher-Jahr US-Präsident Clinton vorgestellt worden, nämlich als er die Region rund um Boulder feierlich zum »National Monument« ernannte.

Nicht daß sich Katie darauf sonderlich viel einbildete: Die Art des Schutzes dieses Gebietes ist höchst umstritten und der explosivste unter den Konflikten zwischen Farmern und Grünen. Nein, was Katie an diesem Beispiel wichtiger ist: »Du kommst hierher als No-name, aus der großen, grauen Masse des deutschen Alltags, und hier kannst du dich plötzlich nicht mehr verstecken. Ausgerechnet hier, wo es hundertmal mehr Coyoten als Menschen gibt, kannst du nicht untertauchen. Hier wirst du beobachtet, hier wird über dich geredet. Was du sagst und wie du denkst, wird weitergesagt, gedeutet und auch manchmal total verdreht. Die Einladung zur Zeremonie mit dem Präsidenten erhielten wir, weil wichtige Leute in Washington von irgendwem gehört hatten, daß wir nach deren Meinung auf der richtigen Seite stehen und uns für eine maßvolle, ökologisch ausgerichtete Erschließung der Region einsetzen. Wir waren selbst total überrascht.«

Schon als Kind hatte Katrin Laage häufig hinter die deutschen Grenzen geblickt. »Meine Großeltern lebten in Italien. Wenn wir sie besuchten, habe ich mich da immer total wohl gefühlt. Die italienischen Nachbarn waren so freundlich zu uns Kindern.« Nach dem Abitur zog es Katrin mit aller Macht ins Ausland. Erst arbeitete sie in England als Aushilfe bei einer Recyclingfirma, »um mein Englisch zu verbessern«. Dann ging sie für einige Zeit nach Genf, wo sie als Au-pair-Mädchen ihr Französisch aufpolierte.

Da lag der Tourismus als Berufsziel recht nahe. Ihrer Ausbildung zur Reiseverkehrskauffrau folgten mehrere Anstellungen in Reisebüros und bei kleineren Reiseveranstaltern in Süddeutschland. In Mannheim, erinnert sich Katrin, wurde sie dann erstmals »vom Auswander-Bazillus befallen«. Sie arbeitete in der Flugabteilung eines Reiseveranstalters, der auf Irland spezialisiert ist. »Da hatte ich andauernd mit Leuten zu tun, die begeistert von der Grünen Insel zurückkamen und sofort wieder hin wollten, um sich da ein Cottage oder eine kleine Farm zu kaufen. Diese Leute riefen mich an und fragten mich, ob ich darüber nähere Informationen hätte oder ob ich sie mit anderen Reisekunden zusammenbringen könnte, die sich schon in Irland niedergelassen haben. Das hatte ich mir einige Monate angehört, und dann schnackelte es plötzlich bei mir. Mensch, dachte ich, warum machst du das nicht selbst?«

Daß aus dem Absprung nach Irland dann nichts wurde, lag an Katrins Leidenschaft für Motorräder – und für die Männer darauf. Sie lacht: »So genau kann man das im nachhinein nicht mehr auseinanderhalten.« Sie kündigte ihren Touristikjob und begann bei einem süddeutschen Motorradhändler, der sich auf Harley-Davidson-Maschinen spezialisiert hatte. Zufall war es wohl nicht, daß ihr damaliger Lebenspartner dabei geschäftlich mit von der Partie war. Einmal auf dem Sattel einer Harley, war dann der Weg frei für Amerika. Ihr Ex-Freund wollte mehr als nur in Deutschland das Gefühl der großen Freiheit auf der Landstraße imitieren: Er war es, der sich reif fühlte für »the real thing«, für den wirklichen amerikanischen Traum mit einem Grundstück im Wilden Westen.

Mit ihm kam Katrin nach Utah, und ohne ihn blieb sie bis heute da. »Er und ich hatten damals eine ziemlich problematische Phase. Mit seinem Geld hatten wir hier ein Grundstück gekauft, aber irgendwie lief alles ganz anders, als er es sich gedacht hatte. Er war am Anfang total überschwenglich und hatte himmelhohe Erwartungen. Ich ging die Sache viel bedächtiger an und ließ alles in Ruhe auf mich wirken. Unsere Beziehung war zu dieser Zeit schon recht schwierig. Das wurde noch verstärkt durch seine andauernden Enttäuschungen. Irgendwie hatte er eben doch die starre Schablone davon im Kopf, wie das Leben hier nach den Vorstellungen eines deutschen Harley-Bikers zu sein hatte. Und so war es dann eben nicht.«

Der Ex-Freund ging zurück nach Germany, und Katie erlebte, was sie heute einen »total wichtigen Punkt in meinem Leben« nennt: »Ich sah mich ganz bildhaft an einer Weiche stehen. Vor mir gabelten sich die beiden Gleise. Ein Gleis führte zurück nach Deutschland, mit mir in der Lokomotive und im Gepäckwagen eine gescheiterte Beziehung und eine gescheiterte Idee vom freieren Leben. Und das zweite Gleis führte um die nächste Kurve herum, hinter den nächsten Berg. Wo genau es endete, konnte ich nicht sehen.«

Katie wählte das zweite Gleis: »Zurückfahren, an der Weiche wenden und zurück nach Deutschland fahren – das hätte ich schlimmstenfalls immer noch gekonnt. Aber ich wußte in diesem Moment vor der Weiche: Ich hatte nichts zu verlieren. Ich war noch nicht einmal 30, ich hatte keine Verpflichtungen für andere, ich hatte keine Kinder, und ich war nur für mich selbst verantwortlich. Drei Sprachen beherrschte ich fließend, und das übermächtige Gefühl in diesem Moment war einfach: Ich komme überall durch, mir kann nichts passieren.«

Ganz allein allerdings, da ist Katie ehrlich genug, wäre sie auch auf dem zweiten Gleis nicht weit gekommen. Sie tat sich mit Mark Austin zusammen. Mark, 15 Jahre älter als Katie, ist Designer von Beruf, hat viel von der Welt gesehen und sich, erzählt Katie, »die erste Hälfte seines Lebens für ökologische Projekte engagiert«. Viele Frust-Erfahrungen inklusive: »Fast immer hatte er gegen übermächtige Interessen verloren.«

Mark und Katie haben geheiratet, und diesmal sind beide felsenfest entschlossen, nicht mehr zu verlieren. »Wir haben gemeinsam dieselbe klare Vision von unserem umweltverträglichen Gästehausprojekt. Es soll die örtliche Bevölkerung wirtschaftlich einbinden. Und es soll verhindern helfen, daß diese wunderbare Landschaft von stadtmüden Leuten aus Kalifornien und New York überrannt und mit schäbiger Container-Architektur verschandelt wird.« Deshalb will sich Mark auch als grüner Immobilienunternehmer versuchen. Aber seine Ideen von einer kleinen, baubiologisch einwandfreien und ästhetisch perfekten Mustersiedlung auf großen Naturgrundstücken zeichnen schon die Schatten des nächsten Konflikts an den Horizont.

Andenken an Marks Kämpfe von einst (»Free Tibet!«) pappen noch als vergilbte Aufkleber an der Stoßstange seines Pick-up-Trucks. Die Kämpfe der beiden Austins von heute sind anderer Art: Im konservativen Land der Mormonen wird ihnen aus moralisch-ethischen Gründen, aber wohl auch aus handfestem Konkurrenzneid eine Alkoholausschanklizenz für ihr kleines Lodgerestaurant bislang verwehrt. Demnächst geht die Sache vor Gericht. Katie ist entschlossen: »Wir werden das durchziehen, und wir werden gewinnen.«

Die Gäste kommen geduscht zum Dinner. Katie erklärt ihnen, warum es (noch) keinen Wein dazu gibt und kein Bier. Volles Verständnis, aber Kopfschütteln auf allen Seiten über die Hürden und Schikanen hier. Die Gäste schwärmen von einer wunderschönen Tour, die Katie ihnen vermittelt hat – mit Grant Johnson als kundigem Wanderführer. Grant, ein ehemaliger Minenarbeiter, begleitet Touristen in die Wildnis und zu entlegenen Ruinen von Indianersiedlungen. Als Mitbegründer der Naturschutzorganisation »South Utah Wilderness Alliance« ist er das leibhaftige Feindbild für die Farmer der Region. Grant Johnson ist einer der drei grünen Aktivisten, deren Puppen-Ebenbilder damals am Strommast aufgeknöpft hingen.

Während die Gäste drinnen ihr Abendmenü auswählen, sitzt Grant noch bei einem Glas Eistee am Teich. Die letzten Strahlen der verglühenden Abendsonne tauchen die Boulder Mountain Lodge in sattes Rot. Noch ein kurzes Schwätzchen mit Katie, dann steigt Grant in einen zerbeulten Geländewagen und macht sich auf den Heimweg zu seiner Wohnhöhle. Zusammen mit seiner Frau Sue bohrt, schaufelt und sprengt sich Grant auf seinem Wüstengrundstück immer tiefer in den Fels. Innen geräumig und sogar hell, mit zwei Geschossen und einer großen offenen Felsveranda in der Küche, nach außen aber absolut unsichtbar: Die neue Behausung wird konsequent nach dem Konzept der beiden Öko-Eremiten errichtet, wonach menschliche

Spuren in dieser grandiosen Landschaft unsichtbar bleiben sollen. Und dazu gehört auch menschliches Wohnen.
»Das ist ein kleines Zeichen des riesigen Respekts, den wir vor dieser 300 Millionen Jahre alten Landschaft haben«, sagt Grant. »Schon die alten, längst verschwundenen Indianerstämme hatten hier unter Felsüberhängen gewohnt.« Katie mag die beiden Höhlenmenschen. Sie sind nicht die einzigen kauzigen Nachbarn, mit denen sie sich angefreundet hat. Während Sue und Grant am offenen Feuer der Höhlenbaustelle ihr Abendessen schmoren, unerreichbar für Telefon, Strom und Technik, können einige Meilen entfernt die Gäste von Katie und Mark in ihren Zimmern per Modem online mit der weiten Welt kommunizieren.
Auch Katie will heute abend noch ein E-Mail an eine Freundin in Deutschland loslassen, die sich ebenfalls mit Aussteigergedanken trägt. »Wenn du nach Zentralafrika gehen willst«, wird darin stehen, »dann weißt du vorher, daß dich eine total andere Welt erwartet. Wenn du in die USA gehst, weißt du das nicht. Es wird Jahre dauern, bis du die vielen ungeschriebenen Gesetze kennenlernst, die hier gelten. Und du wirst hier manchmal sogar die Bürokratie und die Starrheit vermissen, die du in Deutschland so lästig findest. So etwas gibt dir immerhin einen Rahmen, den man mag oder nicht, der aber sichere Normen garantiert.«
Ihr Erfolgserlebnis und ihre Ego-Bestätigung hat Katrin Laage alias Katie Austin längst auf ihrem Konto. Mit der Boulder Mountain Lodge haben sie und Mark nicht verloren. Die Gäste sind begeistert, viele kommen ein zweites Mal oder empfehlen das gastliche Haus ihren Freunden. »Wenn es mir damals, vor der Entscheidung, nur darum gegangen wäre, mir etwas beweisen zu wollen, dann könnte ich jetzt mit Mark und mit den Kindern, die wir uns wünschen, irgendwo zivilisierter leben. Aber wir wollen es nicht.

Ich bin noch zu jung, um für alle Zeit definitiv auszuschließen, jemals wieder nach Deutschland zurückzukehren. Aber ich bin alt genug, um jetzt schon zu wissen, daß es mir sehr schwerfallen würde.«

USA: Die Motorradvermietung in Arizona

»Mit 25 schon mein eigener Chef, mit meinen eigenen Harleys und mit einem profitablen Unternehmenskonzept, das meinen Kunden genausoviel Spaß macht wie mir selbst: Das hätte ich in Deutschland so nie geschafft.« Jürgen Lemoine aus Stuttgart hat es geschafft – in der Hauptstadt des US-Bundesstaates Arizona.

Während einer Urlaubsreise 1994 hatte Jürgen in Phoenix ein Motorrad mieten wollen für einige Touren durch die Prärie und zum Grand Canyon. Fehlanzeige: Auf Harley-Vermietungen waren Firmen in Kalifornien spezialisiert, und das war viel zu weit weg. In Phoenix wurde Jürgen ebensowenig fündig wie Michael Zink aus München. Beide waren sich zuvor noch nie begegnet, beide suchten am selben Ort eine Maschine zum Mieten, und beiden kam beim Bier gemeinsam dieselbe Idee: »Wenn es uns so ergangen ist, wird es auch anderen so gehen. Warum also nicht zwei Harleys kaufen, einfach hierbleiben und die Motorräder an Touristen vermieten?«

Aus der Idee beim Bier wurde die Firma »Arizona Sunriders«. Nur das »Einfach hierbleiben« war doch nicht so einfach. Jürgen erinnert sich: »Der bürokratische Papierkram war enorm und ist es immer noch. Zunächst brauchte jeder von uns ein Investor-Visum von der Einwanderungsbehörde. Ohne Hilfe von Anwälten wären wir da nicht viel weiter gekommen. Außerdem mußten wir hohe Garantiesummen hinterlegen.« Beim kleinsten Verstoß gegen die strengen Gewerbeauflagen würden die Behörden auch heute noch kein Pardon kennen: »Dann wären wir schneller wieder draußen, als wir hier reingekommen sind.« Das Land der unbegrenzten Möglichkeiten empfindet Jürgen als recht rigoros, wenn es um die Durchsetzung von Bestimmungen geht.

Da ist es ein glücklicher Zufall, daß Jürgens Geschäftspartner Michael mit Behörden, Formularen und Steuererklärungen bestens vertraut ist. Vor seinem Absprung nach Arizona war Michael in Bayern als Steuerberater tätig. Deshalb fungiert er jetzt bei den »Arizona Sunriders« als kaufmännischer Geschäftsführer. Jürgen, der schon in Deutschland seinen Meisterbrief als Kraftfahrzeugmechaniker in der Tasche hatte, hat die technische Leitung. Und jung genug, um an einem fremden Ort mit einer neuen Geschäftsidee ganz von vorn anzufangen, sind sie beide: Als ich mit ihnen sprach, war Jürgen 27 und Michael 35 Jahre alt – und ihre »Arizona Sunriders« gerade zarte zwei Jahre.

»Wir begannen mit dem Verleih von zwei Maschinen, also mit unseren eigenen«, berichtet Jürgen. »Das reine Vermietungsgeschäft konnte uns damals natürlich nicht ernähren. Also mußten wir Geld hinzuverdienen. In meinem Fall ging das natürlich am besten mit der Reparatur und Wartung von Motorrädern anderer Leute, also mit meiner gelernten Werkstattarbeit. Das brachte uns viel Einblick in die amerikanische Mentalität, und ich lernte auch noch eine Menge über die Technik und über Lieferanten von Ersatzteilen hinzu.«

Zug um Zug konnten die beiden ihren Motorradverleih ausbauen. »Eigentlich verlief die Gründungsphase recht risikolos. Wir mußten nicht im voraus gigantisch investieren. Nach und nach wurden wir bekannter, wir bekamen mehr Anfragen und Buchungen und kauften daraufhin mehr Motorräder.« In den ersten beiden Jahren sind die »Arizona Sun-

riders« zweimal in jeweils größere Geschäftsräume umgezogen. Das jetzige Firmendomizil ist mit einer kompletten Werkstatt plus Lackiererei ausgestattet. Fünf Miet-Harleys stehen den Kunden zur Auswahl.
Den Erfolg der beiden Jungunternehmer begünstigten einerseits Faktoren, die sie selbst planen konnten – andererseits aber auch glückliche Zufälle. Zu diesen glücklichen Zufällen zählt, daß Phoenix seit kurzem aus Deutschland bequemer erreicht werden kann. So startete British Airways im zweiten Geschäftsjahr der »Sunriders« eine tägliche Nonstop-Flugverbindung von London nach Phoenix, mit mehreren Zubringerflügen ab Deutschland. Und LTU begann im selben Jahr mit Charterflügen in die Hauptstadt Arizonas. »Solche neuen Flugverbindungen sind sehr günstig für unser Geschäft«, sagt Jürgen. »Die Airlines machen ihre neuen Routen mit großen Werbekampagnen in Deutschland bekannt. In den Schaufenstern der Reisebüros stehen plötzlich überall Arizona-Dekorationen, und von dem wachgekitzelten Interesse der Leute profitieren wir dann natürlich auch.«
Solche Zufälle können aber gezielte Werbung für die eigene Firma nicht ersetzen. Als kostengünstige, aber dennoch effektive Werbemethoden haben sich Anzeigen sowohl in deutschen Motorradzeitschriften wie auch bei einschlägigen Motorradmessen bewährt. Außerdem muß immer wieder der besondere Vorteil der eigenen Firma gegenüber der inzwischen nachwachsenden Konkurrenz herausgestellt werden. Und da haben Jürgen und Michael ein ganz dickes Plus entdeckt: »Wir bieten auch geführte Motorradtouren an, die einer von uns begleitet. Da gibt es für deutsche Kunden dann keinerlei Sprachprobleme. Wir können ihnen unterwegs alles in Deutsch erklären. Das ist sehr attraktiv für Kunden, die nur wenig Englisch sprechen und die eine sol-

che Tour deshalb bei einer anderen Firma niemals gebucht hätten.«
Und so fahren Woche für Woche neue »Sunriders« aus Dortmund, Leipzig, Lüneburg und Ulm der großen Freiheit entgegen – zu verlassenen Goldgräbernestern, vor deren Saloons die Maschinen in der Sonne funkeln, durch Schluchten und über kurvige Bergpässe, an den Rand des Grand Canyon und immer auch ein Stück auf der Traumstraße aller Biker, der Route 66. Michael und Jürgen kennen die originellsten Bars und die urigsten Wildwest-Hotels. In der Bikerszene, bei Wirten und Hotelbesitzern sind sie längst bekannt als Mike und Dave (weil Jürgen beim besten Willen nicht amerikanisch auszusprechen ist).
Auf zehn bis zwölf Stunden Arbeitszeit täglich kommen die beiden locker. Noch machen sie alles selbst: Angestellte sind in der Kalkulation noch nicht vorgesehen. »Wir lassen uns Zeit«, sagt Jürgen alias Dave. »Rasantes Wachstum, Hektik und unpersönliche Anonymität sind das Letzte, was wir wollen. Das hätten wir auch in Deutschland haben können.«

Trinidad: Das Strandhotel im Regenwald

Als Gottfried Franz Zollna aus dem deutschen Alltag ausstieg, wußte noch niemand, was ein Aussteiger ist. Das war 1953. Gottfried, in Schlesien geboren und im Nachkriegs-Deutschland heimatlos, zog als zwanzigjähriger, gerade ausgelernter Müller zunächst in die Schweiz. Nur zwei Jahre später wurde es ihm auch dort zu eng, und er setzte zum ersten ganz großen Sprung an – über den Atlantik. Für elf Monate fand er in einer Wildnis-Lodge in Kanada seinen nächsten Job.
Danach besann sich Gottfried auf einen Onkel, der im kalifornischen Carmel Valley ebenfalls ein Hotel führte. Wiederum nur ein paar Monate später wurden Gottfrieds Sprünge

auf der Weltkarte immer weiter: Bis nach Korea, Japan, Singapur, Guam und Hawaii sowie auf die Philippinen verschlug ihn der Militärdienst, zu dem er sich bei den US-Marines gemeldet hatte. Als 27jähriger legte er die Uniform ab und kehrte ins amerikanische Zivilleben zurück. Damals, 1960, fühlten sich Gleichaltrige in Deutschland schon als Helden, wenn sie mit ihren Vespas erstmals den Gardasee erreichten. Und Gottfried hatte schon halb Asien und einiges von Amerika gesehen!

Zurück in Kalifornien, arbeitete er in seinem erlernten Beruf als Müller für eine Getreidefirma in Los Angeles. Diese Firma war es denn auch, die ihn auf die Insel schickte, die seit mehr als 30 Jahren seine Heimat ist: nach Trinidad. Gottfried sollte dort helfen, eine Getreidemühle aufzubauen: »Am 14. Dezember 1965 traf ich auf Trinidad ein. Dieses Datum werde ich nie vergessen!« Die ersten Eindrücke: Advent in der Karibik. Bunt, fröhlich, heiß.

Gottfried blieb auf Trinidad – zunächst in den Diensten der Getreidefirma, später auf eigene Faust im gerade erwachenden Tourismusgeschäft. Und er lernte Barbara kennen. Barbara ist eine »Trini«, wie sich die Bürger der Inseln Trinidad und Tobago selbst nennen. Sie kannte sich im Umgang mit Touristen schon bestens aus und arbeitete im Inselbüro der Fluggesellschaft Pan Am.

Gottfried und Barbara heirateten. Ihr Traum vom eigenen Tropenparadies ging in Erfüllung, als sie an der Nordküste ein zehn Hektar großes Regenwaldgrundstück direkt am Strand kauften – mitsamt einem alten Lagerschuppen für Kokosfett. Den Schuppen bauten sie zu einem stimmungsvollen Restaurant um, und ein Gästehaus errichteten sie komplett neu: Die Laguna Mar Nature Lodge war geboren. Zunächst kamen einheimische Gäste. Zeitungsberichte hatten sie neugierig gemacht. »Mund-zu-Mund-Empfehlungen bringen uns heute noch die meisten Gäste«, sagt Gottfried. Und dafür ist es eben wichtig, daß die lokale Bevölkerung selbst einen Gästebetrieb kennt und schätzt. So können internationale Touristen, die Einheimische nach einer Übernachtungsempfehlung fragen, am ehesten auf das Unternehmen aufmerksam werden. Um noch mehr Gäste aus aller Welt anzulocken, plazierten Barbara und Gottfried Anzeigen in Trinidad-Reiseführern.

Was die Urlauber dann aber tatsächlich so begeistert, daß sie vielleicht länger bleiben, als sie eigentlich geplant hatten, daß sie das Projekt an Freunde weiterempfehlen oder gar selbst ein zweites oder drittes Mal wiederkommen, klingt in Gottfrieds Worten simpel und banal: »Gute Betreuung, gutes Essen, nette Leute, schöne Lage.« Wie schwer das mitunter in der Praxis durchzuhalten ist, sagt er nicht. Und die Gäste sollen davon schon gar nichts spüren – von gelegentlichen Personalproblemen nämlich und von Hurrikanschäden, von bürokratischen Hürden und Engpässen bei der Beschaffung von Ersatzteilen.

»Für europäische Verhältnisse war das Strandgrundstück hier billig zu haben. In den Augen der Einheimischen haben wir natürlich recht viel dafür gezahlt«, sagt der Müller aus Schlesien und benennt damit ein grundsätzliches Problem vieler Aussteigerprojekte. An den schönsten Plätzen der Welt sind es schließlich fast immer naive Ausländer, die ahnungslos die Landpreise in die Höhe treiben – zumeist dann, wenn sie ihr vermeintliches Traumgrundstück mit den gewohnten heimatlichen (und damit deutlich höheren) Preismaßstäben messen. Das Nachsehen haben dann stets diejenigen Einheimischen, die um ein Vielfaches länger und härter arbeiten müssen, um in ihrem eigenen Land zu Grundbesitz zu kommen.

Ihre langjährige Landeskenntnis half Gottfried und Barbara,

die Grundstückspreise auf Trinidad richtig zu bewerten. Ein wichtiger Vorteil gegenüber schnell durchreisenden Urlaubern, denen einfach die Zeit fehlt, um die ortsüblichen Maßstäbe kennenzulernen, bevor sie sich für ihr Grundstück entscheiden.
Als lästige Konkurrenz zu den Tourismusprojekten einheimischer Geschäftsleute wird das Blanchisseuse Laguna Mar Beach Resort, wie sich die Nature Lodge inzwischen nennt, auf Trinidad nicht empfunden: »Daraus sind keine Probleme entstanden«, resümiert Gottfried. Ein weiteres Zeichen dafür, daß Barbara und er viele kleine, aber wichtige Dinge von Beginn an richtig eingefädelt haben müssen.
Gottfried hat jetzt ein Alter erreicht, in dem man in Deutschland in Rente geht. Bis vor kurzem hatte er »mindestens alle zwei Jahre« seine alte Heimat besucht; in letzter Zeit wurden die Reisen nach Europa seltener. Denkt er daran, seinen Lebensabend in Deutschland zu verbringen? »Niemals, auf gar keinen Fall!« kommt die Antwort ohne Zögern.
Konkrete Lehren aus Gottfrieds Abenteuerleben sind leicht zu ziehen. Zunächst verkörpert er, was Amerikaner eine *restless soul* nennen. In jungen Jahren schon war ihm das Leben in stetiger Seßhaftigkeit zu eng, zu langweilig. Er mußte nicht erst Jahrzehnte auf der Schmalspurbahn fahren, um sich dieser Enge bewußt zu werden – er ahnte sie schon im voraus und entging ihr rechtzeitig.
Zweitens hatte er als Müller einen Beruf, der im Ausland gefragt war und der ihm den Einstieg in seine Wahlheimat Trinidad absicherte. Und drittens hatte er eine Einheimische geheiratet, mit allen verwandtschaftlichen Bindungen und Integrationshilfen: »Ja, das hat die Sache ein wenig leichter gemacht«, resümiert Gottfried heute.
Und was sieht er im Rückblick auf die abenteuerlichen Jahr-

zehnte als wichtigste Erfahrung, die er anderen weitergeben möchte? Der Schlesier auf Trinidad antwortet mit einem Zitat aus dem karibischen Reggae-Klassiker *Wonderful world, beautiful people:* Eben diese »beautiful people« habe er überall auf der Welt getroffen – ganz sicher die wichtigste Erkenntnis in seinem umtriebigen Leben.

Ägypten: Die Surfschule am Roten Meer

Thomas Friedl winkt erst einmal ab. »Aussteiger? Davon hat man in Deutschland so eine romantische Vorstellung. Aber damit hat unser Leben in Ägypten nicht viel zu tun.« Tommy, wie der Münchener in Surferkreisen heißt, sieht sich als Unternehmer wie viele andere, aber eben »in einem Business, das aus meinem liebsten Sport entstanden ist, und an einem wunderschönen Ort, den ich mir dafür ausgesucht habe«.

Beim zweiten Nachdenken entdeckt er dann doch, daß er ausgestiegen ist – nämlich »aus der grauen deutschen Stadt, aus der Unterordnung und aus der Unfreiheit, Dinge nur nach Vorschrift zu tun, statt auf eigenes Risiko eigene Ideen umzusetzen«. Diesen Ausstieg hatte Thomas immerhin schon mit 25 Jahren gewagt.

Damals hatte er gerade eine Lehre als Hotelfachmann absolviert und in einem edlen Münchener Hotel als Barmann gearbeitet. »Der Job hatte mir zweierlei gezeigt. Erstens machte es mir Spaß, mit Menschen zu tun zu haben, mit Gästen aus aller Welt. Das hat natürlich meinen Horizont erweitert und mich auf viele Ideen gebracht. Zweitens merkte ich aber schnell, daß ich nicht jahrzehntelang hinter irgendeiner Hotelbar stehen wollte.«

Im ägyptischen Hurghada, direkt am Wüstenstrand des Roten Meeres, betreibt Thomas mit seiner Freundin Christine Lössl das »ProCenter Tommy Friedl« – eine hochprofessionelle Surfschule, eine der größten weltweit. Und er hat dabei gelernt: »Wenn du dieses Geschäft wirklich mit Erfolg und mit zufriedenen Gästen betreiben willst, mußt du dich das ganze Jahr engagieren.« Denn Surfer sind anspruchsvoll, wollen immer das neueste Material, die aktuellsten Boards. Rund 120 Surfbretter müssen Tommy und Christine Jahr für Jahr neu beschaffen.

Kontakte zu Herstellern und Großhändlern müssen ebenso aufgebaut und gepflegt werden wie zu den Redaktionen von Surf-Magazinen und zu freiberuflichen Reisejournalisten. »Artikel in den Zeitschriften der Surferszene und in Reisebeilagen von Zeitungen sind absolut wichtig, um Interesse und Nachfrage zu wecken«, hat der Münchener gelernt.

Damit ist es aber keineswegs getan. Um sich von dem zeitraubenden Verwaltungsaufwand der Anfragen, Buchungsbestätigungen, Einzelrechnungen und dem Risiko »fauler Kunden« zu entlasten, arbeiten Tommy und Christine mit spezialisierten Surf-Reiseveranstaltern in Frankreich, Belgien, Großbritannien, Österreich, Deutschland und der Schweiz zusammen. In den Katalogen dieser Firmen wird das ägyptische ProCenter der beiden Bayern einladend präsentiert.

Für jede Buchung kassieren die Reiseveranstalter eine erkleckliche Provision. Tommy: »Die zahlen wir gern. Allein die Erwähnung in den Katalogen ist eine ideale Werbung für uns. Außerdem könnten wir uns gar nicht im Detail mit jeder einzelnen Kundenanfrage herumschlagen. Dafür sind wir einfach einige Nummern zu groß. Und auch der Kunde fühlt sich sicherer, wenn er bei einem Reiseveranstalter in seinem Heimatland bucht. Das ist für ihn bequemer, als lange Faxe mit seinen Fragen zu uns nach Ägypten zu schicken.«

Um aber Reiseveranstalter als Vertriebspartner zu gewinnen,

muß erst einmal Vertrauen aufgebaut werden. Das ist beim Start eines solchen Projekts ganz besonders schwierig: »Wenn du als völlig unbekannter No-Name daherkommst und außer deiner Surfbegeisterung, einem Kontoauszug und ein paar Projektskizzen nicht viel zu bieten hast, wird ein seriöser Reiseveranstalter erst einmal abwinken. Er braucht schließlich die Sicherheit, daß du das professionell durchziehen wirst. Sonst hat er am Ende nur unzufriedene Kunden, Reklamationen und Prozesse am Hals.«

Es ist also wie so oft beim Start eines Projekts: Ohne Vertriebspartner (Reiseveranstalter) kommen keine Surfer. Aber ohne die ersten zufriedenen Surfer hat eine neue Schule keine Referenzen, die einen Reiseveranstalter überzeugen und ermutigen, eine neue Geschäftspartnerschaft einzugehen.

In Hurghada hatte Tommy die Spirale dieser Startprobleme durchbrechen können. Und einem der deutschen Surf-Reiseveranstalter verdankt er letztlich sogar, fünf Jahre später, daß Christine seine Lebens- und Geschäftspartnerin wurde. Sie hatte während ihres Fachhochschulstudiums der Betriebswirtschaft mit Schwerpunkt Touristik ein Praktikum auf den Malediven absolviert. Dort »hatte ich am Sport im Wasser und auf dem Wasser einen Narren gefressen.«

So war Christine kurz darauf für besagten Reiseveranstalter auf einer Messe in Düsseldorf, wo auch Tommy neue Geschäftskontakte für seine Surfschule knüpfte. Christine ging kurz entschlossen gleich mit nach Ägypten: »Am Wüstenstrand von Hurghada lernte ich für meine Prüfungen. In der Schlußphase des Studiums war die Surfschule mein Hörsaal.«

Heute ist sogar Christines Familie in das Business der Tochter involviert. In der Garage ihrer Eltern in einem Münchener Vorort stapeln sich Kisten voller Surfklamotten, Segel und Bretter. Christine: »Wenn wir in Deutschland sind, fliegen wir oft mit 200 Kilo Gepäck zurück.«

Das Projekt von Tommy und Christine zeigt auch, daß eine überlegte Strategie den Erfolg sichern kann. Tommy hatte rechtzeitig erkannt, daß die Surferszene allmählich etwas älter wird: »Die ganz Jungen steigen heute eher in neue Trend-Sportarten ein.« Die Mittdreißiger bis Endvierziger aber, die im Urlaub aufs Brett wollen, sind beruflich stärker eingespannt. Für ihre knappe Freizeit lohnt sich die Anschaffung eines eigenen Boards oft nicht, oder ein uraltes Brett liegt bei ihnen schon seit Ewigkeiten im Keller. Christine: »Deshalb müssen wir diesen Kunden immer möglichst viele Varianten der neuesten Boards, Riggs und Accessoires bieten, die sie bei uns testen können. Darin liegt für sie der Anreiz, eben nicht mit ihrem eigenen Oldie-Brett anzureisen. Dafür würden einige Airlines nicht einmal viel verlangen, aber für unser Geschäft wäre das natürlich schlecht.«

Auch wenn das Surfschulbusiness erhebliche Investitionen in Material, Marketing und Personal erfordert – ein wichtiger Kostenfaktor anderer Auslandsprojekte entfällt völlig: der Erwerb eines Grundstücks oder eines Gebäudes. Tommy und Christine betreiben ihre »ProCenter« in Hurghadas Jasmin Village und, 120 Kilometer weiter südlich, in Le Qusier grundsätzlich als Pächter. Vertragspartner sind Hotels, die alle Räumlichkeiten zur Verfügung stellen und das Surfangebot in ihre Ferienanlage integrieren. Tommys Erfahrungen: »Im großen und ganzen ist das eine gute Basis. Das Hotel bringt uns Kunden, die sich erst vor Ort spontan zu einem Surfkurs entschließen. Und wir bringen dem Hotel unsere vorgebuchten Kunden, die allein wegen des Surfens kommen und die ja irgendwo wohnen müssen.« Er läßt aber durchblicken, daß sich Hotel und Surfschule in der Bewertung der wechselseitigen Vorteile nicht immer ganz einig sind.

Mit gerade einmal 32 Jahren ist Tommy schon einer der ganz Großen in seiner Branche – und schon wieder auf dem Absprung ins nächste Land. Vor allem Christine hätte auf Dauer Schwierigkeiten in der muslimisch-arabischen Kultur: »Wir haben hier Freundschaften aufgebaut, die uns sehr fehlen werden. Aber als Frau kann ich mir nicht vorstellen, in dieser Kultur auf Dauer zu leben. Und ich möchte auch nicht, daß unsere Tochter hier noch viele Jahre von dieser Kultur geprägt wird.«

Christines und Tommys Tochter Silia ist gerade fünf Jahre alt geworden. Wenn für sie die Schule beginnt, wird sie schon in Costa Rica sein. Im Norden des mittelamerikanischen Landes, am Pazifikstrand unweit der Grenze zu Nicaragua, werden Tommy und Christine ihre nächste Surfschule eröffnen – abermals als Pächter. Diesmal ist es ein belgischer Hotelier, mit dem sie einen Vertrag geschlossen haben. Seine Ferienanlage ist noch nicht fertiggestellt, aber die Werbung läuft bereits. Die Verantwortung für die Projekte in Hurghada und Le Qusier will Tommy einem Geschäftsführer übertragen.

Für Silia hat sich Christine an Costa Ricas Küste schon nach einer Schule umgesehen. Mit gemischtem Erfolg: »Die kleinen Dorfschulen sind höchstens für die allererste Zeit okay. Danach käme nur eine Privatschule in der nächsten Kreisstadt in Frage, aber der Bus dorthin braucht Stunden.« Echte Weltenbummler wie Christine haben auch dafür eine Lösung: »Vielleicht werden wir gemeinsam mit den Belgiern und einigen anderen Europäern einen Privatlehrer für unsere Kinder anstellen. In Deutschland würden wir sofort einen jungen, arbeitslosen Lehrer finden, der lieber nach Costa

Rica käme, als zu Hause zu versauern. Wenn sich fünf Paare das Lehrergehalt aufteilen, kostet das jedes Paar nur 300 Mark im Monat. Und mit 1500 Mark Gehalt kann ein Lehrer in Costa Rica super leben.«

Neuseeland: Der Expreß-Übersetzungsservice

Die Kleinanzeige in der Wochenendausgabe der *Süddeutschen Zeitung* ist umgeben vom üblichen Einerlei: Babysitter, Putzdienste, Polsterreinigung. Ihr Text aber verrät eine ungewöhnliche Geschäftsidee: »Übersetzungen per Fax! Unser Übersetzungsdienst in Neuseeland arbeitet für Sie über Nacht! Deutsch–Englisch / Englisch–Deutsch – schnell, zuverlässig, preiswert.« Es folgt eine neuseeländische Telefax-Nummer.

Die Idee ist simpel: Für eilige Übersetzungsaufträge nutzt sie den Zeitunterschied zwischen Europa und Neuseeland. Wenn hier der Auftraggeber schläft, ist dort die Arbeit in vollem Gange. Ein enormer Vorteil für Übersetzungskunden aus der Wirtschaft: Eine deutsche Firma etwa, deren Vorstand nach langen Diskussionen erst am Abend einen zwölfseitigen, eng bedruckten Geschäftsbericht abgesegnet hat, möchte dessen englische Fassung schon am nächsten Morgen auf dem Tisch des Chefs haben. Für Übersetzer hierzulande wäre das nur mit Nachtschichten, Kaffee und für ein happiges Extrahonorar zu schaffen.

Im Zeitalter von Fax und E-Mail heißt die elegantere Lösung daher: Bevor in deutschen Büros die Lichter ausgehen, wird der Text nach Neuseeland übermittelt. Und wenn der Chef hier morgens an seinem ersten Kaffee nippt, kann er schon die fertige englische Fassung studieren. Denn in den Stunden dazwischen hat der »English–German Translation Service« im Dörfchen Plimmerton bei Wellington ganze Arbeit geleistet – zu ganz normalen Tageszeiten.

Hinter der Mini-Firma steckt Katina Beauchamp. Für ein eigenes, internationales Geschäft hatte sie schon den richtigen Hintergrund mitgebracht: Ihr Vater ist Grieche, ihre Mutter Deutsche. Aufgewachsen ist sie in Bayern. An der Fachakademie für Übersetzer und Dolmetscher in München studierte Katina Fremdsprachen. Und in London begegnete ihr dann Matthew, ein Software-Entwickler aus Neuseeland. Ende 1990 verließen sie gemeinsam Europa, um sich in Matthews Heimat anzusiedeln. Damals war Katina gerade 27 geworden.
In Plimmerton läßt es sich leben. Katina und Matthew haben ihr Wohnbüro in einem romantischen, bald hundert Jahre alten Holzhaus eingerichtet. Den Garten überragt eine große, frei stehende Palme. Und für eine Pause während des Übersetzungsmarathons ist der Strand nur zwei Minuten entfernt.
Katinas Aufträge sind bunt gemixt: Gebrauchsanweisungen, Geschäftsbriefe, Marketingkonzepte und, wenn es sein muß, auch einmal ein ganzes Kapitel für ein Buch. Besonders, wenn ein aktuelles Werk schnellstmöglich auf den Markt kommen muß, hat man es in der Übersetzungsbranche sehr eilig: »Dann kann ich auch im Team mit Übersetzerkollegen in Deutschland einen größeren Auftrag sozusagen rund um die Uhr abwickeln. Wenn es dort Tag ist, arbeiten die Kollegen. Und wenn sie schlafen gehen, mache ich hier übergangslos weiter.« Auch finanziell sind solche Eilaufträge lohnend: Ein Expreßaufschlag auf das Standardhonorar ist üblich.
Die Texte flitzen im globalen Kommunikationsnetz von einem Ende der Welt zum anderen – oft mehrmals täglich, vom Kunden zum Übersetzer oder zwischen den einzelnen Mitgliedern einer Arbeitsgruppe. Auch auf andere Branchen läßt sich Katinas Beispiel übertragen. Einer Frankfurter

Werbeagentur ist es egal, ob sich ein kreativer Texter seine flotten Reklamesprüche in Kassel oder in der Karibik einfallen läßt. Hauptsache, sein Fax oder sein E-Mail landet pünktlich in der Agentur.
Telefax und Online-Kommunikation bauen Brücken zwischen Autoren und Verlagen, zwischen Korrespondenten und Redaktionen, zwischen Lektoren und Layoutern und zwischen Mitgliedern von Projektgruppen, ganz egal, wo sie wohnen und was sie beschäftigt. Ingenieurbüros, Planungsstäbe, Architekten, Grafikdesigner und viele mehr werden zunehmend ortsunabhängig. Was nichts anderes heißt, als daß sich immer mehr Aufträge in immer mehr Berufen auch aus einem sonnigen Aussteiger-Zielland erledigen lassen.

Spanien: Die Sprachschule in den Bergen

Als sich Josef und Isabel Mitte der 80er Jahre zum ersten Mal genauer in der Gegend um Granada umsahen, hatten sie schon eine recht konkrete Vorstellung vom alternativen Leben, das sie dort suchten. Er hatte seine Anstellung als Sozialarbeiter in der Ausländerbetreuung in München aufgegeben. Sie, gebürtige Freiburgerin, war bereit, ihr Romanistikstudium für einige Zeit zu unterbrechen. Der Plan: in Granada Deutschunterricht geben, an den Wochenenden Rückzug zum Schreinern, Bildhauern und Malen in ein romantisches Dörfchen, hoch oben in den Alpujarras-Bergen. Dort wollten sie ein Häuschen mieten.
Das Projekt eines alternativen Lebensentwurfs gelang, der ursprüngliche Plan allerdings nicht. Und das lag überwiegend daran, daß den beiden das abgeschiedene Bergdorf viel besser gefiel als das etwa 70 Kilometer entfernte Granada mit seinen Touristenbussen und Alhambra-Souvenirläden. Nur fürs Wochenende viel zu schade, dachten sie sich in der beschaulichen Idylle der Alpujarras – und fanden Zustim-

mung beim Dorfbürgermeister, der sie auf die Idee brachte, doch gleich dort ein Haus zu kaufen. »Daran hatten wir damals überhaupt nicht gedacht«, erinnert sich Isabel. »Ich war gerade einmal 24 und Josef zwar um einiges älter, aber Immobilienbesitzer zu werden, lag für uns außerhalb unserer Vorstellungen.«

Das änderte sich rasch und ebenso ihr Projekt. Aus den Dörfern der Alpujarras zogen die Menschen fort – in die Städte, ins vermeintlich bessere Leben, zu besser bezahlter Arbeit. Häuser standen leer, drohten zu verfallen und waren billig zu haben. Gerade noch zweimal pro Woche kurvte der Lieferwagen des Lebensmittelhändlers die steile Straße hoch und versorgte die wenigen Einwohner – jedesmal eine Lotterie: »Wir wußten nie, was er noch im Angebot haben würde. In unserem Dorf endet die Straße, und die besten Sachen waren manchmal schon vorher in den Orten an der Strecke verkauft worden.«

Beschaulichkeit in absoluter Ruhe also, an die sich deutsche Großstadtmenschen schnell gewöhnen können. Deutschunterricht brauchte hier oben allerdings niemand. Deshalb reifte der neue Plan in Isabels Worten »ganz aus dem Gefühl heraus: Wenn es uns hier so gut gefällt, wird es auch anderen Deutschen gefallen.« Bei der Unterrichtsidee blieb es, nur eben anders herum: Spanisch für Deutsche, Sprachkurse verbunden mit Einblicken in die andalusische Kultur, mit gemeinsamem Kochen, mit Musik und Tanz. Ein Name war schnell gefunden: »Sierra y mar« – Gebirge und Meer. Schließlich war für Ausflüge die Küste nicht weit.

Zunächst hatte der Bürgermeister die alte Schule am Dorfrand im Angebot: billig und sehr passend für ihr Schulprojekt, wie Isabel und Josef fanden. Sie hatten schon mit der Renovierung des halb verfallenen Gebäudes begonnen, an deutschen Universitäten die ersten Werbezettel aushängen lassen und sogar schon Anmeldungen von Kursteilnehmern auf dem Tisch, als übergeordnete Behörden aus heiterem Himmel den Ausbau stoppen ließen. Isabel: »Da waren wir gedanklich aber schon viel zu weit, um die Sache abzublasen. Die Reaktionen der ersten Interessenten klangen so begeistert, daß wir nicht aufgeben wollten.«

Abermals hatte der Bürgermeister die Lösung: Ein Kollege von ihm, kein Geringerer als der Bürgermeister von Granada, hatte im Dorf ein Ferienhaus und wollte es verkaufen. Ein zweites kauften die beiden Sprachschulpioniere ebenfalls sehr günstig gleich mit dazu – und während der allererste Kurs schon lief, wurde im Unterrichtsraum und in den Zimmern der Teilnehmer noch kräftig Putz geklopft, wurden Fenster gestrichen und Wände gespachtelt. Gemeinsam wurde der verwilderte Garten neu angelegt, wurden Kräuter und Gemüse gepflanzt. »Eine solche Premiere des eigenen Projekts vergißt man nie«, weiß Isabel heute. »Alles war total improvisiert, aber genau das gefiel den Leuten.« So gut sogar, daß zwei der ersten drei Kursteilnehmer, ein Architektenehepaar aus dem Ruhrgebiet, nebenan im Dorf gleich selbst ein Haus kauften.

Ohne professionelle Werbung für »Sierra y mar« wäre das Projekt in der Gebirgseinöde kaum so schnell bekannt geworden. Die Aushänge an den Schwarzen Brettern der Universitäten brachten zwar eine gute Resonanz aus Deutschland, doch sie mußte verstärkt werden mit Anzeigen in der *Zeit*, in der *Tageszeitung (taz)* und in der *Süddeutschen Zeitung*. Heute wirbt »Sierra y mar« auch in *Ecos de España*, einem in Deutschland erscheinenden Magazin für Spanischlernende. »Keiner von uns hatte Ahnung von Marketing und von sogenannten Zielgruppen«, erinnert sich Isabel. »Aber wir merkten gleich, wie wichtig es ist, genau diese Zielgruppen richtig anzusprechen und die passenden Zeitungen und

Zeitschriften für unsere Werbung auszusuchen. Wenn man das nicht sorgfältig macht, ist man schnell sehr viel Geld los für Anzeigen in den falschen Medien, auf die dann überhaupt kein Echo kommt.«

Die Zielgruppe für ihre Sprachschule definierten Isabel und Josef in etwa als kulturell aufgeschlossen, locker bis alternativ, tendenziell eher links-intellektuell und genußfreudig, was gutes, landestypisches Essen und Trinken angeht. Nach dieser Definition fiel die Auswahl der geeigneten Medien mit entsprechender Leserschaft für die Werbung nicht mehr allzu schwer.

Die Resonanz war schließlich so gut, daß die Kurse auf bis zu 16 Teilnehmer anwuchsen und damit die Grenzen der Kapazität von Unterrichtsräumen, Küche und Gästezimmern erreicht waren. Um einen Engpaß zu vermeiden, mietete »Sierra y mar« an der Küste ein zusätzliches Haus an und teilte die Gruppen auf: Jeweils eine Hälfte der Kurse fand am Stammsitz im Gebirge statt, die andere am Meer. Immer zur Halbzeit wurde gewechselt. So war das Platzproblem gelöst, die Gästekapazität in Spitzenzeiten verdoppelt. Vor allem aber war das Erlebnis für die Gäste abwechslungsreicher: Sie erhielten buchstäblich »Gebirge und Meer« im Doppelpack.

Ganz entscheidend für den Erfolg des Projekts und für seine Akzeptanz bei den Einheimischen war das Auftreten der beiden Schulgründer im Dorf. »Wir konnten nicht verstecken, daß wir für die dortigen Begriffe nicht ganz arm waren. Schließlich hatten wir zwei Häuser gekauft. Aber wir achteten sehr darauf, daß man daraus keine falschen Schlüsse zog«, sagt Isabel. »Wir wollten eben nicht in die Schublade der elitären Wohlstandsaussteiger gesteckt werden. Das hätte uns in der Dorfbevölkerung ausgegrenzt. Andererseits waren wir auch keine abgerissenen Freaks mit filzigen Haa-

ren und Joints im Mundwinkel. Wir hielten die richtige Balance, und das wurde sehr genau verstanden.«
Auch die Integration der Dorfbewohner klappte bestens. Der Bürgermeister höchstselbst schwang die Maurerkelle bei der Renovierung, und seine zuvor arbeitslose Tochter putzte die Räume. Spanische Hispanistikstudenten wurden als Lehrer angestellt, darunter einige, deren Familien aus der Umgebung stammten und die in die Großstädte gezogen waren. Diesen jungen Leuten ermöglichte »Sierra y mar« eine Wiederbegegnung mit ihrer alten Heimat, verbunden mit einem ordentlichen Verdienst.
Daß Josef und Isabel sich schließlich trennten, hat nach Isabels Überzeugung nichts mit der Sprachschule zu tun: »Das wäre in Deutschland auch passiert.« Schmerzliche Entscheidung: Das gelungene Schulprojekt war beiden ans Herz gewachsen, »aber einer von uns mußte gehen«. Schweren Herzens entschloß sich Isabel zum Rückzug und dazu, ihr Studium wieder aufzunehmen: »Ich stand noch am Anfang meines Weges. Er war schon weiter und älter und hatte bewußt einige Brücken zu einer Lebensweise in Deutschland abgebrochen, in die er nicht mehr zurückwollte.« Nur noch im Winter verbringt Josef einige Monate in dem Land, aus dem seine Gäste kommen.
Die Begegnung mit anderen Kulturen hat aber auch Isabel nicht mehr losgelassen. Über Kuba und Brasilien zog es sie nach Polen, wo sie heute an einem Goethe-Institut das macht, womit damals in Spanien eigentlich alles hätte anfangen sollen: Sie gibt Deutschunterricht. Der Kreis hat sich geschlossen.

Türkei: Die biodynamische Aprikosenplantage

Axel Wiechmann war 35 Jahre alt, als er die glatte Sterilität der neonbeleuchteten Bürolandschaften und der Computerszene in Deutschland gegen das Landleben in der Türkei tauschte. Der gelernte Journalist hatte sich als EDV-Fachmann und in der Organisationsberatung für Firmen einen Namen gemacht, aber »ich war schon an dem Punkt angekommen, an dem ich mir dachte: Das kann doch noch nicht alles gewesen sein.« Zur hektischen Entwicklung in der Computerbranche wollte er ein Gegengewicht setzen: etwas Dauerhaftes und Sinnvolles aufbauen, ruhiger und gelassener leben.

Die Voraussetzungen für das Gelingen des besseren Lebens waren äußerst günstig. Sein Zielland, die Türkei, kannte der Regensburger von sieben Urlaubsreisen. Sein deutscher Projektpartner, der hierzulande schon mit Kelimteppichen gehandelt hatte, konnte sogar eigene türkische Lebenserfahrung einbringen: Zwei Jahre hatte er dort gelebt. Und ein Hotelbesitzer in Istanbul, der über die Jahre ein guter Freund geworden war, wollte ohnehin in sein Heimatdorf an den Euphrat-Stauseen zurückkehren und dort Aprikosen anbauen: »Er hat uns enorm geholfen und uns bis zum Schluß nicht enttäuscht.«

Aprikosen der besonderen Art hatten auch Axel und sein Partner im Sinn: biologisch-dynamisch angebaut und als Trockenfrüchte für den Export nach Deutschland bestimmt, ungeschwefelt und ungespritzt. Die »wunderschöne Gegend« in der Nähe des Euphrat, im Verwaltungsbezirk der Provinzhauptstadt Malatya, ist berühmt für ihre Fruchtplantagen. Dort erwarben Axel und sein Partner 30 Hektar Land: »Wir wollten mit unserem Projekt ein Beispiel dafür geben, daß es auch anders geht, ohne die üblichen Chemiekeulen und Sprühaktionen. Wir dachten, wenn es bei uns klappt, würden auch die anderen Obstbauern mitziehen.«

Die frisch gepflanzten Aprikosenbäumchen wuchsen gut an, und das komplizierte rechtliche Procedere der Gründung einer Agrargesellschaft wurde nach mehreren Reisen in die Hauptstadt Ankara letztlich auch bewältigt: »Es war ungeheuer umständlich, aber dann wurde unser Projekt sogar als förderungswürdig anerkannt, mit der Zusage, daß wir in den ersten Jahren keine Steuern zu zahlen hätten.« Vor allem aber erfuhr Axel herzliche Gastfreundschaft. Während er sich ein Wohnhaus bauen ließ, wurde er von der Familie des ehemaligen Hoteliers ganz selbstverständlich wie ein Angehöriger aufgenommen: »Mit sieben Leuten in dem engen Häuschen kamen wir durch einen bitterkalten Winter. 20 Grad minus waren keine Seltenheit.« So weit, so gut.

Ganz langsam begannen die Probleme. Als Axel eines Morgens 50 junge Bäume abgehackt am Boden vorfand, wurde ihm schlagartig bewußt, »daß nicht nur die Freunde meines Gastgebers zu meinen Freunden geworden waren, sondern auch seine Feinde automatisch zu meinen Feinden«. Also wieder die Erfahrung, die so viele Aussteiger machen (wie auch Katie Austin mit ihrer Gästeranch im Land der Canyons): Man kann allzuoft nicht neutral bleiben in einer fremden, einsamen Umgebung. Man steht, ob man will oder nicht, auf einer Seite – in Axels Fall eben auf der Seite seines Freundes und Gastgebers. »In der nach außen so geschlossen wirkenden Dorfgemeinschaft gibt es über Generationen gewachsene Freundschaften und Feindschaften zwischen den Großfamilien«, hat er zu spüren bekommen.

Deshalb bewertete der Bayer die Attacke auf seine Bäume auch nicht als Zeichen von Ausländerfeindlichkeit: »Diese Rituale werden dort von den Einheimischen auch untereinander praktiziert und als Signale unmißverständlich gedeutet.« Die nächste Phase des Rituals war gekommen, als eines Tages ein Bauer mit abgesägter Schrotflinte auf Axel zuging und ihm die Zufahrt zur Öko-Plantage versperren wollte: »Der berief sich plötzlich auf ein altes Wegerecht, das angeblich seiner Familie zustand. Demnach würde die Zufahrt zu unserem Grundstück über sein Land verlaufen, und das wollte er nun für uns sperren.« Hätte sich der Bauer durchgesetzt, wäre die Zufahrt zu Axels Plantage um viele Kilometer länger geworden: Der Umweg hätte die Wirtschaftlichkeit des Projekts ernsthaft gefährden können.

Das Wegerechtsproblem ließ sich letztlich aus der Welt schaffen. Andere Signale waren subtiler: »Für viele Dinge sollten wir mehr zahlen als die Einheimischen. Man dachte sich eben, da kommen zwei Deutsche mit neuen Ideen und einigem Geld, und an das wollte man ran. Es waren eindeutig überhöhte Preise, die da von uns verlangt wurden.« Im Rückblick findet Axel das immer noch unfair, besonders weil er und sein Partner doch auch Arbeitsplätze geschaffen hatten für Leute aus dem Dorf. Allerdings begann da schon bald das nächste Problem: wandernde Saisonarbeiter von weither nur zur Ernte zu beschäftigen, war billiger – und auf Obstplantagen absolut üblich. Für sie hatten die Deutschen eigens Unterkünfte gebaut und eine Kuh angeschafft. Aber die Arbeiter im Dorf, die eigenen Nachbarn also, hatten dann eben das Nachsehen.

Rein wirtschaftlich ließ sich das Projekt durchaus gut an; die Absatzmöglichkeiten waren gut, und in Deutschland stieg die Nachfrage nach Bio-Trockenfrüchten. »Um die übliche Schwefelung der getrockneten Aprikosen durch gesunde Alternativen zu ersetzen«, erzählt Axel, »experimentierten wir mit selbstgebauten Anlagen zur Schockfrostung und zur Begasung mit Kohlendioxid. Alles total simpel und eigentlich primitiv, aber es funktionierte. Und das Interesse der anderen Bauern war auch geweckt.« Die Widrigkeiten der Startphase schienen überwunden, und die bayerischen Biobauern wollten expandieren. Sie wollten noch mehr Land hinzukaufen.

Im Sommer war Axel für einige Wochen zu Hause in Regensburg, als sein Partner vor Ort glaubte, das passende Erweiterungsgrundstück gefunden zu haben. Rasch war er sich mit den Verkäufern einig und zahlte den Kaufpreis. Als Axel zurückkehrte, traf ihn der Schlag. Sein Partner war Betrügern aufgesessen, denen das Land gar nicht gehört hatte: »Eine in der ganzen Region bekannte Gaunerfamilie, die in alle möglichen krummen Geschäfte verstrickt ist und mit der man sich besser nicht anlegt.«

Manche rieten ihm, es doch zu tun, nicht klein beizugeben und sich das Geld zurückzuholen. »Mir wurde eine Pistole angeboten, mit der ich zu den Ganoven gehen sollte. Oder ich hätte die landesübliche Schuldschein-Mafia einschalten müssen, die gegen einen Prozentsatz der einzutreibenden Summe den Deal besorgt hätte. Solche Leute scheuen sich aber nicht, buchstäblich über Leichen zu gehen.« Das war alles andere als Axels Stil. Er versuchte es im guten und ging tatsächlich zweimal in die Höhle des Löwen, zum Familienoberhaupt höchstselbst. Das erste Mal hatte der keine Zeit und natürlich auch kein Geld. Das zweite Mal wurde es brisant: Axel blickte in den Lauf eines geladenen Revolvers.

»In dieser Sekunde war unser Traum geplatzt«, resümiert er heute. »Wir hatten keine Wahl. Wenn wir dort geblieben wären, hätten wir als Verlierer des Spiels lebenslang unser Image im Dorf verloren. Wir wären immer die Dummen geblieben, mit denen man alles machen konnte. Oder wir hätten weiter gekämpft, juristisch vielleicht irgendwann sogar gewonnen und dann ebenso lebenslang die Rache dieser üblen Typen fürchten müssen. Nein, das war nun wirklich das Gegenteil von unserem Ziel eines ruhigeren, gelasseneren Lebens.«

Die Entscheidung, alles hinzuschmeißen, fiel schwer. In den fünf Jahren am Euphrat hatte sich Axels Begeisterung für das einfache Leben dort eher noch gesteigert. Er hatte die Natur und das gesunde Essen geschätzt, hatte sich ein Pferd zugelegt und aus Regensburg ein Surfbrett für den Stausee mitgebracht. Mit Freunden war er regelmäßig auf die Jagd und zum Angeln gegangen: »Das alles hinter sich zu lassen, war richtig bitter.«

Es war abermals der Ex-Hotelier, der den Deutschen Hilfe anbot und ihren Ausstieg aus dem Aussteigerleben halbwegs abfederte. Er übernahm die Aprikosenfarm und hat immerhin einiges von der ökologischen Denkweise der Vorbesitzer umgesetzt. Größere finanzielle Verluste blieben Axel und seinem Partner damit unterm Strich erspart.

Was haben die beiden aus ihrer Erfahrung gelernt? »Wir hätten nicht gleich mit einem eigenen Farmprojekt beginnen sollen. Wenn wir uns auf ökologische Beratung von Obstbauern und auf den Handel mit Bio-Trockenfrüchten konzentriert hätten, hätten wir uns recht schnell eine Art Expertenstatus erworben. Man hätte uns respektiert und geschätzt, weil wir den Bauern gezeigt hätten, wie sie mit biodynamischem Anbau und schonender Trocknung höhere Preise für ihre Produkte erzielen können. In dieser Rolle hätten wir sozusagen zu Wohltätern werden können, weil wir für die Bauern die Exportverbindungen zu Vermarktern von Bioprodukten in Deutschland hergestellt hätten. Erst danach hätten wir uns dann in Ruhe unsere eigene Farm aufbauen sollen.«

Zurück in Regensburg, fiel Axel der Wiedereinstieg in die Computerwelt nicht leicht. Zu rasant hatte sie sich in den fünf Jahren verändert; zu groß war der Vorsprung der Konkurrenten, die kontinuierlich am Ball geblieben waren. Zermürbend lange lief es beruflich äußerst zäh – von einer Arbeitsbeschaffungsmaßnahme des Arbeitsamtes zum nächsten befristeten Projekt. Die erste feste Dauerstellung erhielt Axel zwei Jahre nach seiner Rückkehr aus dem türkischen Abenteuer.

Kanarische Inseln: Der Traum vom freien Künstlerleben

Die Hauptdarsteller: ein Künstlerpaar, genauer: zwei international geschätzte Maler. Ort der Handlung: eine halb verfallene Bar in einem Dörfchen an der Westküste der Insel La Palma, von Kennern als schönste der Kanaren gepriesen. Die Handlung: stadtmüde Künstlerseelen auf der Flucht vor dem grauen deutschen Winter, sehnsüchtig nach Sonne, Licht und Inspiration – und voller Elan, das einst stolze Gebäude der Bar mit seinen zwei Stockwerken und den eleganten Rundbogenfenstern zu frischem Glanz aufzupolieren und es sogar mit einer säulengesäumten Dachterrasse zu krönen. Konnte die Handlung ein gutes Ende finden?

Durchaus, sagen die meisten Bewohner des Dorfes, der Bürgermeister und der Polizeikommandant. Durchaus hätte aus dem realen Stoff eine harmonische Aussteigergeschichte wie Tausende andere auf den Kanaren, auf Mallorca und Ibiza werden können – und nicht die bitter-traurige Geschichte, als die sie dann doch geendet ist. Die beiden hätten sich nur mehr an die örtlichen Gepflogenheiten halten müssen.

Nein, aussichtslos, sagt einer der beiden Hauptdarsteller wider Willen, der amerikanische Künstler Jeremy. Nie wieder werde er einen Fuß auf La Palma setzen. Morddrohungen hat er dort erhalten, zum Schluß nur mit einem Messer unterm Kopfkissen und bei Licht schlafen können, und dennoch ist er immer wieder mit Schreikrämpfen aus seinen

Alpträumen aufgewacht. Eben doch ein bitter-trauriger Aussteiger-Thriller – oder, harmloser, »die Geschichte eines Mißverständnisses«.
Unter dieser Überschrift und auf einer ganzen, großen Zeitungsseite hat die *Süddeutsche Zeitung* die Erfahrungen der beiden ausgebreitet. Ausführlichst wird geschildert, wie in ihnen die Erkenntnis reifte, »was man im Paradies nicht darf«. Erzählt wird aber auch, was sie selbst dazu beigetragen hatten, daß sich die Türen zu diesem Paradies für sie geschlossen haben.
Das Paar: zwei Maler, zwei Männer, schwul. Jeremy und sein deutscher Freund Bernd (Namen vom Autor geändert), im Zentrum Münchens ansässig, hatten es durchaus verstanden, sich Freunde zu machen auf La Palma. Von der Schneiderin, die gern mit ihnen plauderte und beeindruckt war von Niveau und Stil dieser Herren, dieser echten *Caballeros,* bis zur kunstsinnigen Bauersfrau, die sich selbst an autobiographischen Texten versuchte und von Jeremy manchen Rat erhielt, waren den beiden Aussteigern durchaus Sympathien sicher. Sympathien hegte auch der Bürgermeister, der Jeremys Bilder zur Eröffnung eines Kulturhauses ausstellte und in der Einladung schrieb, der Ort könne stolz darauf sein, daß sich ein so großer Künstler dort niedergelassen habe.
Seit die Maler aus München das Anwesen gekauft und mit kräftigen Farben wieder hergerichtet hatten, waren sie Thema Nummer eins beim Dorftratsch. Ihr Schwulsein versteckten sie nicht. Auch sonst waren sie anders: Aus ihren Fenstern tönten Schumann, Verdi und Wagner, und bei Sonnenaufgang machte Bernd Yogaübungen auf der Dachterrasse – durchaus einsehbar vom Nachbarhaus, wie die Anzeige beweist, die sich Bernd einhandelte, weil er sich dort oben im knappen Riemchen-Tanga gesonnt hatte.

Aus dieser ersten Anzeige wurde über die Jahre ein wahrer Anzeigenkrieg – begonnen, wohlgemerkt, von dem einheimischen Nachbarn, fortgesetzt mit voller Wucht dann aber im Endstadium des offenen Konflikts überwiegend von den Künstlern. Bis es so weit kam, hatten die beiden mit milderen Mitteln gekämpft, wie sie es aus München gewohnt waren: Gegen den nächtlichen Motorradlärm auf der Hauptstraße (und damit vor ihrem Haus) hatten sie nach deutscher Manier eine richtige Bürgerinitiative gegründet, auf deren Unterschriftenliste sich immerhin etwa 200 Spanier mit Jeremy und Bernd gegen den Krach solidarisierten.
Damit aber begann die Spaltung des Dorfes, ausgelöst von den beiden Zuzüglern. Auf den Motorrädern saßen nämlich die Jungs, die schon des öfteren das schwule Paar provoziert hatten. Mit eindeutigen Gesten Richtung Hosenschlitz und lauten *Maricon*-Rufen (»Schwuler!«) hatten sie sich vor dem Haus der beiden versammelt. Als Bernd dann eine Videokamera auf dem Dach installierte, um das herrliche Inselpanorama, aber auch die Provokationen zu filmen, fühlte sich die Jugendgang ihrerseits provoziert.
Die Beleidigungen nahmen zu, steigerten sich von »Schwule raus« und »Deutsche raus« bis zu »Nazis raus« – für den jüdischen Amerikaner Jeremy ganz besonders infam. Aus den Pöbeleien wurden die ersten Rempeleien auf der Straße, und bald wurde der schmächtige Jeremy das erste Mal zu Boden geworfen. Es begann das Marathon der Beschwerden beim Bürgermeister und der Anzeigen beim Polizeikommandanten. Höhepunkt: sechs verschiedene Anzeigen der Künstler wegen sechs verschiedener Vorfälle an einem einzigen Tag.
Der übelste Feind von Jeremy und Bernd war ein wuchtiger Mann, dessen Neffe aus der Motorradgang von den beiden angezeigt worden war. Der wuchtige Onkel ist in der ganzen

Region als rachsüchtig, jähzornig und gewaltbereit bekannt. Fast jeder vermied es, sich mit ihm anzulegen. Besonders pikant: Der Polizeichef ist ein Vetter von ihm.

Gleich zweimal zeigte sich der wuchtige Onkel von seiner brutalen Seite: einmal mit einer laut gerufenen Morddrohung (»Jetzt krieg ich dich; jetzt bring ich dich um!«) gegen Jeremy, ein andermal mit gezielten Schlägen gegen den deutlich athletischeren Bernd. Zum Prozeß erschien kein einziger der geladenen Zeugen. Dem Radioredakteur, der als einziger Jeremys Hilferufe nach der Morddrohung gehört hatte und noch rechtzeitig zu Hilfe eilen konnte, wurden einige Tage vor dem Gerichtstermin die Reifen seines Autos zerstochen.

Zu all den realen Schrecklichkeiten kam immer auch eine Dosis traditioneller Hokuspokus hinzu. Plötzlich entdeckten die Einheimischen, daß die heruntergekommene Bar, die sich Bernd und Jeremy so schön umgebaut hatten, früher ja »Manicomio« geheißen hatte, Irrenhaus also. Finstere Vorzeichen wurden im Dorf ausgemacht für eine Geschichte, die schlimm enden würde. »Dieses Haus ist verflucht«, hörte Bernd einmal eine vorübereilende Frau zu ihrer Tochter flüstern. Auch die Maler stießen ihrerseits auf Orakel, die nichts Gutes verhießen: »La Palma, du bist eine Zypresse mit traurigen Zweigen. Du bist Fluch, schlimmer Fluch«, fanden sie in einem 500 Jahre alten Gedicht.

Als dann noch die Putzfrau einen Zettel unter der Tür fand, dessen Botschaft drohte: »Schwule, haut ab aus dem Dorf, weil wir euch beide töten werden«, war für Jeremy das Kapitel La Palma zu Ende. Er buchte den Flug nach München und verließ die Insel auf Nimmerwiedersehen. Der kräftigere Bernd, ein großer, blondmähniger und selbstbewußter Typ, hielt länger aus, wollte nicht aufgeben und fühlte sich auch keineswegs im Dorf isoliert, sondern zählte auf seine

einheimischen Freunde. Immer, wenn er das Haus verließ, stiegen aber auch in ihm Angstgefühle auf.
Die Nerven lagen also blank auf beiden Seiten, und dies ganz sicher auch wegen der Fehler, mit denen sich zuvor schon andere deutsche Aussteiger auf La Palma unbeliebt gemacht hatten. Gegen die alternativen Großstadtflüchtlinge aus Berlin, Frankfurt, Hamburg und Köln, die in den 70er und 80er Jahren das einfache Leben in der Natur suchten und sich auf der Insel in rustikalen Behausungen einnisteten, hatte man noch am wenigsten einzuwenden. Erst der zweite Aussteigerschub aus dem Norden brachte ernste Probleme: Etwa seit 1990 kamen aus Deutschland die Wohlhabenden, kauften große Grundstücke, zäunten sie ein und stellten überall Verbotsschilder auf, die heute noch vor bissigen Hunden warnen.
Besonders übel war die Intoleranz einiger Germanen, die zwar die südliche Landidylle suchten, ihre traditionellen Begleiterscheinungen aber nicht tolerieren wollten. Immer noch ist ein deutsches Ehepaar Gesprächsthema auf La Palma, das sich neben dem Hof eines jungen Ziegenbauern angesiedelt hatte und sich alsbald am Gestank der Tiere und an den vielen Fliegen störte. Sie verklagten den Nachbarn auf Abriß einiger illegaler Anbauten am Ziegenstall. Bald hatten sie beim Kaffeetrinken auf der Terrasse ihre Schrebergartenruhe – und keine Fliegen mehr auf dem Kuchen: Der junge Bauer nebenan hatte den Prozeß ebenso verloren wie seinen Stall und seine berufliche Existenz.
Durch das Drama von Bernd und Jeremy zieht sich das Wort von der Integration wie ein roter Faden. »Es war unser Plan«, erzählte Bernd dem deutschen Zeitungsreporter, »uns in eine intakte bäuerliche Struktur zu integrieren.« Eine Vision, über die Jeremy rückblickend nur den Kopf schütteln kann: typisch deutsch, romantisch verklärt, die

naive Vorstellung eben »von den herzensguten, erdgebundenen Bauern, die noch echte Menschen seien«, wie es dann in der Reportage hieß.

Integriert hätten sich die beiden schon deshalb nicht, weil sie »außerhalb der normalen Muster reagiert« hätten, erzählte der Bürgermeister dem Reporter aus München. Vor Gericht würden auf La Palma Streitigkeiten über wirklich wichtige Dinge, wie etwa Land- und Wasserrechte, ausgetragen. Bei anderen Sachen gelte: »Wir zeigen hier nicht an, wir reden.« Und wo reden nicht mehr hilft, helfe eben auch mal zurückzuschlagen.

Sogar die Dorflehrerin meinte, dem wuchtigen Onkel mal kräftig »eine auf die Nuß« zu geben, hätte den Künstlern Respekt und Sympathien eingebracht. Ein hoher Regierungsbeamter sieht das genauso: »Wenn die doch nur einmal zurückgeschlagen hätten …« Aber statt zurückzuschlagen, ließ sich Bernd als überzeugter Buddhist und Anhänger des gewaltlosen Widerstands ohne Gegenwehr vom wuchtigen Onkel verprügeln. Dabei flüsterte er Mantras und wiederholte immer wieder: »Ich bin unangreifbar.« Abermals also ein Verhalten »außerhalb der normalen Muster«, wie der Bürgermeister sagte. Ein Verhalten, das verständnisloses Kopfschütteln auslösen mußte. Und alles andere als ein Beitrag zur Integration in die Gepflogenheiten der Insel.

Soweit die »Geschichte eines Mißverständnisses«, der die *Süddeutsche Zeitung* aus gutem Grund so viel Platz eingeräumt hat – eben weil sie so viele Komponenten enthält, die immer wieder zum Scheitern von alternativen Lebensentwürfen überall auf der Welt führen. Zum Ende der Reportage trifft ihr Autor Kai Strittmatter den wuchtigen Onkel – und hört mit eigenen Ohren zum letztenmal eine Drohung. »Ich rate Bernd, aus dem Dorf wegzuziehen. Er hat sich nicht integriert. Es ist ein Rat, ein freundschaftlicher Rat.«

WELCHE LÄNDER, WELCHE PROJEKTE?
Menschen, Ideen, Länder und Chancen: ein Überblick

»Früher in Deutschland hatte ich eine Karriere. Heute habe ich ein Leben.« Der Mann, der seinen gelungenen Ausstieg in diese Worte faßt, lebt dort, wohin es die meisten deutschen Auswanderer zieht: in den USA. Jörg Rupf heißt er, war Verwaltungsrichter am Bodensee und hatte die Papierberge auf seinem Schreibtisch und die Aktenstapel in den Gerichtsarchiven gründlich satt. Jetzt betreibt er die Schnapsbrennerei St. George Destillery in der Nähe von San Francisco und schätzt dort ganz besonders die lässige Toleranz der Menschen und das sonnige Klima Kaliforniens. Eine Rückkehr nach Deutschland kann sich der Produzent edler Brände nicht mehr vorstellen.

In der Auswandererstatistik des Jahres 1995 belegten die USA mit 13 200 deutschen Neusiedlern den ersten Platz. Weitere Beispiele: Frankreich (7500 deutsche Auswanderer 1995), Polen (6300), Großbritannien und Irland (zusammen 5000) gleichauf mit Spanien, Österreich (4300), Belgien (2700), Italien (2600), Kanada (2000), Australien (1300) und Brasilien (1100) gleichauf mit Südafrika. Wohlgemerkt: Diese Menschen haben Deutschland auf unbestimmte Zeit den Rücken gekehrt und in der Regel ihren deutschen Wohnsitz ganz aufgegeben. Die vermutlich viel höhere Zahl der Pendler und Teilzeit-Aussteiger mit deutschen Erstwohnsitz ist in dieser Statistik nicht erfaßt.

Welche Menschen mit welchen Ideen zieht es in welche Länder? Einige Schlaglichter beleuchten die Vielfalt der Lebensentwürfe deutscher Aussteiger:

Auf den *Philippinen* betreibt der gelernte Software-Entwickler Michael Feyerabend aus Pirmasens Landwirtschaft im tropisch-ökologischen Stil. Er ist mit einer Filipina verheiratet, hält seine eigenen Kühe und tüftelt mitunter ganz nebenbei immer noch an der Entwicklung neuer Software – der weltweite Datentransfer zu Kunden, egal wo sie sind, macht's möglich. Wenn Ställe oder Wohnhaus erweitert werden müssen, schätzt er besonders das Lohnniveau seiner neuen Heimat: Für umgerechnet fünf bis zehn Mark arbeiten Bauarbeiter gern für ihn – pro Tag.

In der *Dominikanischen Republik* hat die Hamburgerin Gabriella Romberg ihre neue Heimat gefunden: Mit Blick auf die türkisblaue Karibik managt sie ihre Gästebungalows »Casa Bonita« in der Nähe des Dorfes Baoruco. Von den touristischen Rummelplätzen der All-Inclusive-Resorts und vom Billigheimer-Image der »DomRep« scheint ihr komfortables Refugium Welten entfernt zu sein. Die zwölf romantischen Palmdachbungalows mit Pool und offenem Restaurant thronen auf einem Hügel über der Küste. Sie sind nur über eine steile Lehmstraße zu erreichen, die sich in der Regenzeit gelegentlich in ein Schlammbad verwandelt. Mit dem Hamburger Jungfernstieg mag sie die Holperpiste dennoch nicht tauschen. Und sowieso begleitet sie lieber ihre Gäste zu den von Kolibris umschwirrten Wasserfällen inmitten des üppigen Dschungels gleich nebenan, als zu Hause im Elbtunnel im Smog-Stau festzusitzen.

In *Neuseeland* sind der einstige Student Michael Schellkes und seine Frau Angelika aus Düsseldorf nur noch als Mike und Angie bekannt. Eigentlich hatten sie nur vom beschaulichen Landleben als Selbstversorger geträumt – heute sind sie Unternehmer und dabei immer noch ihren ethischen Maßstäben treu geblieben. Eier von freilaufenden Hühnern in artgerechter Haltung ist jetzt ihr Business. Pro Woche verkauft ihre Firma inzwischen 36 000 Eier. Ermöglicht wurde diese Karriere auch durch die Liberalisierung der neuseeländischen Wirtschaft: Bürokratie und staatliche Bevormundung sind seit 1990 radikal reduziert worden. In einem solchen Wirtschaftsklima, so Mike Schellkes, konnten er und Angelika ihren Elan viel besser entfalten: »In Deutschland wäre ich nie Unternehmer geworden.«

In *Australien* setzt die Selfmade-Verlegerin Renate Schenk aus Bochum konsequent ihre Arbeit fort, die sie hierzulande aus bescheidensten Anfängen aufgebaut hat. Schon Anfang der 80er Jahre hatte sie sich während ihrer ersten Australienreise in den Kontinent verliebt – und bald darauf mit ihrer Co-Autorin Mechthild Fülles den ersten deutschen Abenteuerreiseführer über Australien veröffentlicht. Mit ihr zusammen gründete sie auch den »Renate Schenk Verlag«, und Anfang 1997 hat sie sich ganz nach Alice Springs im Inneren der Rieseninsel abgesetzt. Von dort betreut sie nicht nur die Vorbereitungen neuer Bücher des eigenen Verlags (den Mitarbeiter weiterhin in Bochum führen), sondern sie beschafft auch australische Fachbücher, Souvenirs, Videokassetten und sogar kulinarische Spezialitäten für ihre europäischen Kunden, denen sie auch Australienreisen vermittelt. Mitten im unbesiedelten, endlos weiten Buschland wäre Alice Springs mit herkömmlicher Postlogistik ein denkbar ungünstiger Standort für diese Aktivitäten. Doch das Internet macht's möglich: Mit ihrer eigenen Homepage lassen sich Renate Schenks Geschäfte locker online abwickeln.

In *Spanien* ist die ehemalige Lehrerin Ernestine Lüdeke aus München nun Vizepräsidentin der Stiftung Monte Mediterráneo, die sich auf mehr als 520 Hektar Fläche der ökologischen Landwirtschaft verschrieben hat. Dazu gehören Projekte des alternativen Tourismus ebenso wie die Organisa-

tion von Workcamps und Seminaren sowie vor allem der Aufbau eines beispielhaften Modells für traditionelle und naturverbundene landwirtschaftliche Produktion. So werden auf den weitläufigen Flächen der Farm, etwa 65 Kilometer von Sevilla entfernt, drei Arten von Eichen (darunter auch Korkeichen) kultiviert: Die Eicheln sind das traditionelle Mastfutter für die Schweine der Region. Vor ihrem Absprung aus Deutschland hatte Ernestine Lüdeke neben ihrem Unterricht auch als Übersetzerin und zuletzt als Leiterin des Kulturprogramms für den deutschen Pavillon auf der Weltausstellung in Sevilla 1992 gearbeitet. Ihre Erfahrung: »Der Kulturkontrast in einem anderen Land und eine völlig neue Aufgabe wecken Talente und Energien, die man in der alten Heimat nie an sich entdeckt hätte.«
In *Namibia* hat der Maschinenbauingenieur Uwe Stachursky seine neue Heimat gefunden. Nach 30 Berufsjahren hatte er in Deutschland seinen Job verloren: für ihn nicht das Ende mit deprimierender Leere und quälenden Selbstzweifeln, sondern das Signal für einen neuen Anfang. Das Haus in einem Münchener Vorort wurde verkauft, das Inventar im Schiffscontainer nach Namibia verfrachtet. Heute organisieren er und seine Frau Karin mit drei Bussen Fotosafaris für Touristen: Die Bilderbuchwildnis mit ihren weiten Savannen und den roten Bergen beginnt nur ein paar Autominuten von der Haustür der Stachurskys entfernt. Aber die beiden lassen es ruhig angehen: Vier Monate Safari-Business im Jahr sind genug. In der übrigen Zeit wird von Windhuk aus der eigene Horizont erweitert, die Umgebung erkundet, gereist und die Freiheit genossen. Nach Deutschland zieht es sie, wenn überhaupt, nur für ein paar kurze Besuche. Ihnen reichen schon die Negativnachrichten aus der alten Heimat, die sie in Afrika am Satelliten-Fernseher empfangen.
Sechs Beispiele, sechs gelungene Entwürfe für ein freieres

Leben: in puncto Individualität und Pioniergeist aber deutlich über dem Durchschnitt des Aussteigerlebens im Ausland. Dieser Durchschnitt ist weit weniger originell: Er liegt irgendwo zwischen der Bierkneipe in Torremolinos und der Fahrradvermietung auf Gran Canaria. Doch wer dorthin geht, wo schon viele sind – deutsche Gäste wie auch deutsche Existenzgründer –, hat damit nicht unbedingt bessere Chancen. An den Massenzielen der Aussteiger herrschen drangvolle Enge und beinharte Konkurrenz; die Quote der Gescheiterten ist entsprechend hoch.

Bestes Beispiel: Mallorca. Wer schon in den 70er und frühen 80er Jahren auf die Insel kam, hatte damals noch die Auswahl. Romantische Bauernhäuser zur Renovierung, Apartments, größere Wohnungen und Villen, aber auch Geschäfte und Lokale waren noch vergleichsweise günstig zu haben, das Serviceangebot für Urlauber ließ noch Expansion zu. Heute sieht es anders aus: Jedes dritte Lokal auf Mallorca wechselt mindestens einmal im Jahr den Besitzer – eine Folge des Überangebots, aber auch der Naivität von Möchtegern-Gastwirten aus Deutschland. Etliche von ihnen vergessen, daß die Saison nur sechs Monate hat und der Jahresgewinn entsprechend schnell verdient sein will.

Gleichwohl stehen kleine Bars, Cafés und Eisdielen immer noch im Mittelpunkt der Anfragen deutscher Interessenten, die sich an Mallorcas Makler wenden. Und die Mitarbeiter des deutschen Konsulats auf der Insel können sich den Wetterbericht aus der Heimat fast schon sparen: Der zuverlässigste Indikator für die aktuelle Wetter- und Stimmungslage in Deutschland ist die Zahl der Anrufe von Ausstiegswilligen, die sie von dort erhalten. Zehn bis 15 Anfragen zum dauerhaften Umsiedeln nach Mallorca gehen pro Tag beim Konsulat ein; bei grauem Fröstelwetter und Schneematsch in Deutschland verdoppelt sich diese Zahl.

Etwa 20 000 Deutsche leben inzwischen permanent auf Mallorca; hinzu kommen nach Schätzungen des Inselrates weitere 50 000 deutsche Besitzer von Feriendomizilen. Die ungebrochene Nachfrage und die problemlose Erreichbarkeit mit immer billigeren Charterflügen treiben die Immobilienpreise in die Höhe. Dort, wo sich Prominenz vom Model (Claudia Schiffer) bis zur Moderatorin (Sabine Christiansen) niederläßt, »sind die Preise in den Himmel geschossen«, hat das Immobilienmagazin *Bellevue* festgestellt und zitiert den aus Hamburg stammenden Mallorca-Makler Matthias Kühn: »Gute Wohnlagen haben hier bald Sylter Preise.«
Wie auf Mallorca wird es auch anderswo schon eng an den schnell erreichbaren Fluchtpunkten: in der Toskana und in Umbrien wie in der Provence und an der Côte d'Azur, auf Ibiza wie auch schon an den beliebtesten Fleckchen Irlands und Skandinaviens. Wer bereit ist, dort noch trotz des hohen Preisniveaus einzusteigen, hat natürlich in der Regel den Vorteil einer gut entwickelten Infrastruktur. Aber, wie nicht nur Mallorca beweist: Für manche Existenzgründungsidee ist es dort schon zu spät. Kreative Kochkurse mit künstlerischem Touch in der Toskana, Französischseminare kombiniert mit Aquarellmalen in der Provence, Reittouren durch die Camargue und Segeltörns im Mittelmeer haben eben längst schon viele andere im Angebot.
Dagegen sind andere Nahziele innerhalb Europas noch lange nicht überlaufen – und immer noch entsprechend preisgünstig. Es müssen ja nicht immer die Inseln, also die Balearen oder Kanaren sein: Auch *Spaniens Festland* hat seine Reize. Und dort, so hat die Deutsch-Schweizerische Schutzgemeinschaft für Auslandsgrundbesitz beobachtet, liegt das Verhältnis von Angebot zu Nachfrage seit langem »bei 95 zu 5«. Käufer haben hier eine starke Position und

können angesichts einer riesigen Auswahl auch die Preise drücken. In *Portugal* bietet sich ein ähnliches Bild: Im äußersten Süden, an der Algarve-Küste, haben die Preise ein stolzes Niveau erreicht, während im Inneren der wildromantischen Alentejo-Region und auch in den nördlichen Landesteilen Immobilien noch sehr günstig zu erstehen sind. In *Frankreich* sind Grundstücke und Häuser im Süden entlang der Mittelmeer-Küstenlinie nur noch für Vermögende erschwinglich, im Hinterland schon etwas billiger und im übrigen Land (auch in der Bretagne und der Normandie) oft überraschend günstig. In *Griechenland* gelten die Halbinsel Evia und das Pilion-Gebirge als Insider-Tips der Einheimischen, die langsam auch von Ausländern entdeckt werden. Auf den Inseln und an der Festlandküste schwanken die Preise je nach Lage und Ausblick stark. In der *Türkei* haben die politische Unruhe, Angst vor Terroranschlägen und auch der allzu optimistische Bauboom vor allem an der Küste zu einem Rückgang der Immobilienpreise geführt. Und in *Italien* muß man sich nur einige Autostunden von den Lieblingsregionen der Deutschen entfernen, um noch idyllische Fleckchen zu günstigen Preisen zu entdecken.

Im Norden Europas bietet sich ein ähnlich differenziertes Bild. In *Irland* ist der touristisch erschlossene Südwesten inzwischen von Aussteigern der ersten Stunde weitgehend besetzt und das Preisniveau am höchsten; aber die Grafschaften des Westens und Nordwestens bis hinauf nach Sligo und Donegal bieten noch herrliche Natur zu wirklich günstigen Preisen. Gleiches gilt besonders für den Norden des Britischen Königreiches, so auch für *Schottland.* Häuser an den Küsten und in den seenreichen Waldgebieten *Skandinaviens* sind durchaus nicht immer so teuer, wie oft angenommen wird. Hier sind es allerdings die hohen Lebenshaltungskosten, die einen Ausstieg auf Dauer belasten können.

Echte Geheimtips für Aussteiger mit Sehnsucht nach Natur und nach Platz zur Entfaltung sind immer noch die Reformländer in *Osteuropa.* Es ist wirklich erstaunlich (und für die Weltsicht der Deutschen auch unfreiwillig entlarvend), wie wenige Ausstiegswillige ein Leben in Polen, Ungarn, Tschechien, der Slowakei oder in den baltischen Staaten in Betracht ziehen. Die hohen Auswandererzahlen nach Polen in der eingangs zitierten Statistik dürfen da nicht täuschen: In ihnen sind zum allergrößten Teil Menschen erfaßt, die in ihre alte polnische Heimat zurückziehen. Aussteiger mit Eigeninitiative, politischer Sensibilität und Improvisationstalent können gerade in Osteuropa noch äußerst billig zu weitläufigen Grundstücken kommen und in fairer Kooperation mit der örtlichen Bevölkerung zukunftsträchtige Ideen verwirklichen – vom naturnahen Tourismus bis zur ökologischen Landwirtschaft. Angesichts wunderschöner Landschaften wie etwa dem Masurischen Seengebiet oder der Allgäu-ähnlichen Region um Zakopane vor der imposanten Kulisse des Tatragebirges wird so manchem erst sehr spät bewußt, wie nahe zur deutschen Grenze noch wahre Kostbarkeiten zu entdecken sind. Fast unnötig zu erwähnen, daß Neubau- und Umbaukosten, Löhne für Mitarbeiter und die laufenden Lebenshaltungskosten in den Reformländern Osteuropas nur einen Bruchteil des deutschen Niveaus erreichen.

Außerhalb Europas lassen sich nur Schlaglichter auf die Immobiliensituation einzelner Länder werfen. Für *Nordamerika* gilt allgemein, daß in den einsamen Weiten Kanadas und der USA riesige Ländereien noch billig zu haben sind – für den, der eine Tagesreise zum nächsten größeren Ort in Kauf nimmt, sogar spottbillig. Das trifft auf die riesigen Waldgebiete im Norden mit eigenen Bade- und Angelseen ebenso zu wie auf die dürren Halbwüsten ganz im Süden der USA.

Je besser erschlossen ein Grundstück ist und vor allem je näher es zu einer Großstadt liegt, desto schneller multipliziert sich sein Preis.

In der *Karibik* und in *Lateinamerika* sind deutsche Aussteiger inzwischen keine Seltenheit mehr. Auf dem mittelamerikanischen Festland begann diese Entwicklung in *Mexiko*, das auch heute noch extreme Unterschiede in seiner Sozialstruktur wie auch in den Immobilienpreisen aufweist: Die Enklaven der Superreichen sind inzwischen auch superteuer. Weiter südlich ist *Costa Rica* seit den 80er Jahren in überschaubaren Dimensionen Vorreiter einer Aussteigerkultur für Nordamerikaner und Europäer, die jetzt allerdings zunehmend die noch deutlich billigeren Nachbarländer *Panama* und *Nicaragua* sowie auch *Honduras* ins Visier nehmen. Auch der kleine Karibikküstenstaat *Belize* hat längst seine Fans aus aller Welt gefunden. Als früheres Britisch Honduras ist Belize immer noch Mitglied des Commonwealth und bietet eine angenehme Mixtur aus englischen, indianischen und spanischen Einflüssen.

Einige Karibikinseln bieten sogar die Rechtssicherheit der Europäischen Union: *Aruba* und *Curaçao* sind die wichtigsten niederländischen, *Martinique* und *Guadeloupe* die bedeutendsten französischen Vorposten Europas in dieser Region – mit durchaus angenehmen Vorteilen für Aussiedler aus EU-Mitgliedsländern. Und immer wieder trifft man auf den kleinsten Inselchen plötzlich einen glücklich »gestrandeten« Deutschen – wie etwa auf den Turks & Caicos Islands den unüberhörbar schwäbelnden Peter Stingl, der dort sein »Pasta House«-Restaurant betreibt. Zu solchen Robinson-Idyllen bieten die Bettenburgen der *Dominikanischen Republik* den stärksten Kontrast. Einige Kenner der Inselhälfte halten hier den touristischen Boom schon für überhitzt und warnen vor allzu optimistischen Aussteiger-Investments in das Geschäft mit den Urlaubern: Das Mallorca-Trauma läßt grüßen. Ein enormes Potential an Chancen für sinnvolle Projekte bietet *Kuba* – vorausgesetzt, die politische und wirtschaftliche Entwicklung erlaubt eine schrittweise Integration von Investments und Know-how aus dem Ausland. *Argentinien* und *Chile* werden, auch wegen ihrer traditionellen Beziehungen zu Europa und günstiger Landpreise, bei Aussteigern aus Deutschland immer beliebter. *Brasilien* hat sich trotz seiner wirtschaftlichen Achterbahnfahrt und zeitweise horrender Inflation in der deutschen Auswanderer-Statistik weit nach vorne geschoben, und auch in *Ecuador* und *Venezuela* machen touristische Initiativen deutscher Aussteiger zunehmend auf sich aufmerksam.

Die Situation in Afrika wird dominiert durch einen regelrechten *Südafrika*-Boom seit dem Ende der dortigen Apartheidpolitik. Weil damit auch der Boykott südafrikanischer Waren und die internationale Isolation des Landes zu Ende gingen, profitierte Südafrika zunächst von einem enormen Nachholbedarf von Touristen aus aller Welt, die nun ohne schlechtes Gewissen das Land kennenlernen konnten. Damit wuchs auch sofort das Interesse vieler ausländischer Besucher, sich dort niederzulassen. Südafrika ist multikulturell geprägt; Zuzügler von weither bleiben daher nicht lange als Fremde »draußen vor der Tür«. Gleich nebenan bietet *Namibia* aufgrund seiner Kolonialgeschichte deutschen Neusiedlern vertraute Ortsnamen und Traditionen. *Botswana*, *Simbabwe* und *Tansania* sind Ziele für individualistische Aussteiger, während *Kenia* über eine ausgebaute touristische Infrastruktur und über ein recht breites Immobilienangebot verfügt. Afrikas touristischer Newcomer ist *Gambia*, wo allerdings auch schon ein Preisanstieg erwartet wird.

In Asien sind es vor allem die *Philippinen* und *Thailand*, die seit den 80er Jahren deutsche Aussteiger anziehen. In beiden Ländern sind vor allem die strandnahen Grundstücke begehrt und (wie auch der Bau eines Hauses darauf) für deutsche Maßstäbe oft noch sehr preisgünstig. Besonders auf den Philippinen ist unter deutschen Strandsiedlern so mancher Hobby-Gastwirt zu finden, der sich aus seiner eigenen Vorliebe für kühles Bier und frischen Fisch eine Existenz aufgebaut hat. In der Folge des touristischen Bali-Booms ist seit kurzem auch *Indonesien* ins Visier deutscher Aussteiger geraten. *Malaysia* und, für Individualisten mit extremem Pioniergeist, auch schon *Vietnam* liegen ebenfalls im Trend, während *Indien* schon seit langem eine eher meditativ-esoterisch inspirierte Aussteiger-Klientel anlockt. Nach *China* haben vor allem solche Ansiedlungsinteressenten schon Kontakte geknüpft, die von deutschen Firmen ins Reich der Mitte entsandt worden sind. Bis Asiens Riesenreich aber Aussteigern Perspektiven für eigene Projekte bieten wird, kann noch viel Wasser den Li-Fluß meerwärts strömen.

Sehr verallgemeinert ausgedrückt, bietet Asien einerseits die besten Möglichkeiten, billig zu leben, andererseits aber auch die extremsten Kulturkontraste. Sie machen es Europäern schwer bis zuweilen gar unmöglich, sich wirklich zu integrieren. Drei Jahre, erinnert sich der deutsche Hotelmanager Michael Vogt in Pattaya, habe er gebraucht, um die thailändische Denkweise nur halbwegs zu verstehen.

Australien ist schon traditionell ein Sehnsuchtsziel der Deutschen. Berechnungen haben ergeben, daß etwa 1,3 Millionen Australier deutsche Vorfahren haben, und bei der Volkszählung 1991 gaben rund 112 000 Bürger an, in Deutschland geboren zu sein. Gleichwohl ist die zuvor recht liberale Einwanderungsgesetzgebung seit den 70er Jahren recht streng. Immobilien sind außerhalb der großen Ballungsräume noch günstig. *Neuseeland* genießt erst seit den späten 70er Jahren den Ruf als Traumziel für Deutsche, erreicht aber pro Jahr nur ein Drittel der deutschen Auswandererzahlen Australiens. Wunderschöne, kontrastreiche Landschaften, ein angenehmes Klima und an einigen Orten noch sehr günstige Immobilienpreise sind wichtige Pluspunkte, die enorme Entfernung und entsprechende Flugzeiten und -preise sind Nachteile für Europäer.

Gesetze und Bestimmungen für *Einreise, Aufenthalt und Arbeitsaufnahme* unterscheiden sich von Staat zu Staat extrem. Außerdem werden sie ständig der aktuellen Wirtschafts- und Bevölkerungsentwicklung angepaßt, besonders was die Visa-Kontingente für bestimmte Berufsgruppen und Herkunftsländer betrifft. Auch die Bestimmungen für den Erwerb von Immobilien und zur Gründung von Firmen sind in jedem Staat anders; mitunter unterscheiden sie sich sogar von Region zu Region, von Provinz zu Provinz, von Kanton zu Kanton innerhalb desselben Landes. Am unproblematischsten ist der Umzug in ein anderes Mitgliedsland der Europäischen Gemeinschaft (EU).

In manchen Ländern erhält man die Aufenthalts- und Arbeitserlaubnis leichter, wenn man dort eine Firma gründet – insbesondere in einer Branche, deren Ansiedlung der jeweilige Staat fördern will. Auch die Gründung einer Firma in Deutschland, die dann Projektpartner ins Zielland entsendet, kann Hürden überwinden helfen. Mehr darüber im Kapitel »Das Finanzkonzept«. Und schließlich wird in einigen exotischen Ländern das Gesetz recht locker ausgelegt: Wo man etwa als ganz normaler Tourist nur drei Monate bleiben darf, genügt mitunter ein 48-Stunden-Abstecher ins Nachbarland, um danach erneut einzureisen – abermals für drei Monate.

Informationen über die jeweilige Rechtslage erteilen die Botschaft des betreffenden Landes oder sein nächstgelegenes Konsulat, außerdem die Informationsstelle für Auslandstätige und Auswanderer beim Bundesverwaltungsamt in Köln sowie die von ihr koordinierten regionalen Beratungsstellen. Kontaktadressen finden sich im Kapitel »Wo erfahre ich mehr?«.

Mit welchen Projekten und Geschäftsideen hat man im Ausland die besten Chancen? Auch auf diese Frage kann es keine allgemeingültige Antwort geben. Den Einstieg erleichtert mitunter der eigene Beruf, sofern er im jeweiligen Land gefragt ist. Wer eine solide Berufspraxis in der Hotellerie oder Gastronomie, in einem Handwerk, in der Landwirtschaft, als Ingenieur oder im Tourismus mitbringt, kann versuchen, sich erst einmal für ein Unternehmen dieser Branchen in sein Wunschland entsenden zu lassen, um vor Ort die Chancen eines Ausstiegs zu prüfen. Auch spezialisierte Mechaniker und Monteure, aber ebenso Experten etwa des Brauereiwesens und anderer »exotischer« Branchen können zum Aufbau entsprechender Anlagen ins Ausland entsandt werden.

Letztlich wird immer der eigene Ideenreichtum entscheiden. Das gilt auch für soziale Berufe. So hat ein Freiburger Sozialpädagoge kürzlich die Intoleranz gegenüber Behinderten hierzulande für ein eigenes Projekt genutzt: Weil in Deutschland zunehmend Nachbarn von Freizeitheimen gegen die »Belästigung« durch behinderte Gäste protestieren (und diesen Protest sogar vor Gerichten durchsetzen wollen), zog der Sozialpädagoge in Frankreich ein eigenes Ferienprojekt für deutsche Behinderte auf – mitsamt gemietetem Gebäude in idyllisch-ländlicher Umgebung, fachlicher Betreuung und staatlichen Zuschüssen.

Bei touristischen Aussteigerprojekten in aller Welt ist immer wieder die Erfahrung zu machen, daß ihre Betreiber die Bedeutung von Werbung, Marketing und Pressearbeit sowie von festen, vertraglich abgesicherten Kooperationen mit Reiseveranstaltern unterschätzen. Wunderschöne Refugien für Urlauber, von Aussteigern mit viel Liebe und Geld aufgebaut, stehen leer und scheitern schließlich, bloß weil niemand auf sie aufmerksam geworden ist. Systematisch müssen Touristikmessen besucht, Autoren und Verlage von Reiseführern informiert und Kontakte zu den Redaktionen von Reisezeitschriften und Reiseseiten der Zeitungen hierzulande aufgebaut werden. Hilfestellungen gibt das Kapitel »Wo erfahre ich mehr?« unter dem Stichwort »Touristische Projekte«.

Allgemein gilt allerdings der Rat: *Behalten Sie Ihren deutschen Wohnsitz bei!* Quasi ohne Netz und doppelten Boden ins Ausland abzuspringen, ist naiv. Sicherlich kann es in Einzelfällen, etwa aus steuerlicher Sicht, ratsam sein, sich beim Einwohneramt ganz abzumelden (hierzu mehr im Kapitel »Das Finanzkonzept«). Ein solcher Schritt sollte aber nur wohlüberlegt unternommen werden.

HALB HIER, HALB DORT
Teilzeitaussteiger: Leben in zwei Welten

Auch große Pläne und grundsätzliche Weichenstellungen im Leben müssen nicht mehr für immer und ewig sein. Der Trend zur individuellen Planung einzelner Lebensabschnitte ist unverkennbar. Die Stichworte »Flexibilisierung der Arbeit«, »Abkehr von der lebenslangen Karriere in ein und demselben Betrieb« und »weg vom Schmalspurgleis durchs Leben« werden von Wissenschaftlern und der Wirtschaft, von Gewerkschaftlern und Politikern langsam erkannt und zunehmend ernst genommen.

Auch Alice Steinebach, Leiterin der Informationsstelle für Auslandstätige und Auswanderer in Köln, bestätigt aus ihrer Praxiserfahrung diesen Trend: Sie registriert eine »Zunahme der von vornherein befristeten Abwanderungen ins Ausland.« Immer mehr Menschen setzen demnach nicht mehr alles auf eine Karte, sondern planen wohlüberlegt und gut informiert einen bestimmten und befristeten Lebensabschnitt in einem anderen Land. Einige verpacken diese Lebenseinstellung gar in eine selbstgestrickte Trivialphilosophie: Etwa alle sieben Jahre, meint der Fitness-Center-Betreiber Markus Nirschl aus Starnberg, verändere sich der Mensch und strebe nach neuen Herausforderungen. Konsequenz: Er verkaufte sein Sportstudio in Bayern und nahm Kurs auf Australien und Neuseeland, um dort Sport-Events und Abenteuerreisen zu organisieren. Und wiederum sieben Jahre später werde er wohl wieder nach neuen Ufern (oder auch wieder zurück nach Hause) streben.

Noch einen Schritt weiter in dieselbe Richtung gehen Aussteiger, die im Zielland ein Projekt umschichtig mit Partnern betreiben. Sie geben ihre Bindungen nach Deutschland nicht auf und wollen den inspirierenden Kontrast zweier Welten rund ums Jahr auskosten. Den deutschen Winter verbringen viele von ihnen unter südlicher Sonne, und wenn es angenehm warm ist, kehren sie wieder zurück in die alte Heimat.

Allerdings birgt ein solches Pendeln zwischen hier und dort auch Probleme. Eine Projektgruppe, die sich hierzulande zu einem solchen Lebensentwurf zusammenfindet, muß tatsächlich bereit sein, Angenehmes und Lästiges fair untereinander aufzuteilen. Wer beispielsweise gemeinsam mit Partnern ein touristisches oder landwirtschaftliches Projekt in einem Tropenland angehen will, möchte sichergehen, daß seine Bereitschaft zur Anwesenheit dort während der ungemütlichen Regenzeit spätestens im nächsten Jahr ausgeglichen wird, indem er dann die sonnige Trockenzeit genießen kann. Wer für sich selbst immer nur die Rosinen aus dem Projektkuchen herauspicken will, beschwört Konflikte herauf, die irgendwann zur gruppendynamischen Katastrophe und zum Scheitern des Projekts führen.

Als weiterer Nachteil wird von manchen Teilzeitaussteigern die Erfahrung genannt, daß sie sich letztlich an keinem ihrer beiden Lebenspunkte so richtig heimisch fühlen. Für Freunde und Verwandte in Deutschland ist man zu lange fort, als daß man in Aktivitäten und gemeinsame Vorhaben einbezogen werden könnte. Und wenn man dann schließlich wieder zurück ist, erfüllt man eher die Aufgabe eines Geschichtenerzählers aus der spannenden fremden Welt, statt eine wechselseitig inspirierte, kontinuierlich gewachsene Vertrautheit mit nahestehenden Menschen zu erleben. Und auch im Zielland ist man dann eher der Besucher aus der Fremde, auf den sich die neuen Nachbarn und Freunde dort zwar immer wieder freuen mögen, von dem man aber eben weiß, daß er bald wieder fort sein wird.

Ob dies für einen selbst zum Problem wird, hängt davon ab, wie viele Partner sich für jeweils welche Zeiträume abwechseln sollen. Eine »Halbe-Halbe-Lösung«, bei der man sechs Monate hier und sechs Monate dort ist, verursacht nach den Erfahrungen von Teilzeitaussteigern ein stärkeres Gefühl von Heimatverlust, als wenn man klar definiert, wo der Lebensschwerpunkt und wo das Besuchsziel sein sollen.

Ein enormer Vorteil von umschichtigen Teilzeitprojekten mit Partnern ist der geringere finanzielle Einsatz für jeden Beteiligten. Die Höhe des Investments und das Risiko verteilen sich auf mehrere Schultern, eine Immobilie im Zielland wird ohne zwischenzeitlichen Leerstand dauerhaft bewohnt, und die kontinuierliche Betreuung eines Projekts ist im Idealfall rund ums Jahr sichergestellt – wichtig auch für die Kommunikation mit Behörden und Geschäftspartnern.

Als weiteres wichtiges Plus kommt hinzu, daß sich eine Projektgemeinschaft gegenseitig stützen kann: Ein Partner, der in schwierigen Phasen vor Ort am Sinn des Ganzen zu zweifeln beginnt, kann vom Durchhaltewillen der anderen »aufgefangen« und von ihrem Elan neu motiviert werden. Auch gegenüber Interessenverbänden und Behörden im Zielland ist der Auftritt einer Projektgruppe oft wirkungsvoller als der eines Einzelkämpfers. Idealerweise ergänzen sich schließlich auch die fachlichen Stärken der Projektpartner: Einer mag sich in technischen Dingen besser auskennen, ein anderer im kaufmännischen Bereich, ein Dritter vielleicht im Marketing und in der Werbung für das Projekt.

Natürlich bedeutet das Teilen des Investments mit mehreren Partnern auch das Teilen der möglichen Gewinne. Dies ist aber im Endeffekt meistens kein Nachteil, weil ja jeder

Projektpartner eine bestimmte Zeit in Deutschland lebt und hier Geld verdienen kann.
Von allen Varianten des Aussteigerlebens werden umschichtige Teilzeitprojekte im Wechsel mit Partnern künftig wohl die stärksten Zuwächse verzeichnen. Sie ermöglichen ein behutsames Herantasten an das Leben im anderen Land. Sie erlauben eine flexible Zeiteinteilung zwischen hier und dort, die sich den wechselnden beruflichen und privaten Erfordernissen anpassen kann. Und sie passen ganz einfach am besten zum vielbeschworenen Wertewandel und in die ebenso häufig zitierte postmaterialistische Epoche. Dazu gehört ja auch der Verzicht auf Besitz um jeden Preis – im Bewußtsein, daß wir nicht alles dauerhaft besitzen müssen, was wir gerade benötigen oder woran wir uns gerade erfreuen.
Deshalb werden flexible Lebensentwürfe begünstigt durch ein immer schneller wachsendes Angebot von Dingen des täglichen Lebens, die wir nutzen können, wenn wir sie brauchen, die wir aber nicht besitzen müssen. Wir müssen uns beispielsweise nicht ein ganzes deutsches Arbeitsjahr lang abrackern, um uns dann den Kauf eines Autos leisten zu können (das ohnehin monatelang ungenutzt vor sich hinrosten würde, wenn wir umschichtig im Ausland sind).
Nein: Wir können uns leisten, weniger zu arbeiten (und mehr Zeit im Ausland zu verbringen), wenn wir das Auto nicht für uns allein kaufen müssen, sondern uns statt dessen einer der überall entstehenden Statt-Auto-Gemeinschaften anschließen. Ihre Mitglieder nutzen die gemeinschaftlich erworbenen Autos dann, wenn sie sie brauchen, und zahlen letztlich nur anteilig die effektive Nutzungsintensität. Egal wie lange wir umschichtig im Ausland sind: Das Auto hier kostet uns in unserer Abwesenheit nichts; sein Wertverlust über die addierten Jahre der Nichtnutzung kann uns egal

sein. Daß außerdem noch die Umwelt von solchen Modellen profitiert, ist ein schöner Extraeffekt.
Andere Bereiche des täglichen Lebens ziehen bereits nach: Allerorten etablieren sich Leihagenturen für vieles, dessen Kauf im Verhältnis zur seltenen Nutzung zu teuer wäre. Von Maschinen für die Teppichreinigung bis zu Gartengeräten, von Geschirr für große Feste bis zu Geräten zum Hausausbau oder zur Renovierung wächst das Angebot von Tausch-Initiativen, Verleihgeschäften und sogenannten Barter-Agenturen, bei denen Dienstleistungen und zeitweise Gerätenutzung in einem Wertpunktesystem gegeneinander verrechnet werden – ohne daß in eine Richtung Geld fließt. Auch wer immer nur für einige Zeit nach Deutschland zurückkehrt, kann in solche Netzwerke sein eigenes Input (etwa das eigene Fachwissen oder eine Dienstleistung) einbringen und dafür von den Angeboten anderer Mitglieder profitieren.
Immer leichter lassen sich auch flexibles Arbeiten und flexibles Wohnen organisieren: Immer mehr Zeitarbeitsagenturen vermitteln befristete Jobs, und Mitwohnzentralen bringen Teilzeitmieter und Teilzeitvermieter zusammen. Und es ist nur eine Frage der Zeit, bis selbst organisierte Teilzeitprojekte ganzheitlich alle Aspekte des umschichtigen Lebens ihrer Mitglieder hier und dort unter einen Hut bringen werden.
So können Projektgemeinschaften im Zielland eben auch hierzulande Wohnformen entwickeln, die maßgeschneidert der umschichtigen Anwesenheit ihrer Mitglieder gerecht werden. Ein gemeinsam erworbenes oder gemietetes Haus hier in Deutschland kommt für jeden einzelnen Projektpartner (auf den Quadratmeter Wohnfläche umgerechnet) allemal günstiger, als wenn sich jeder seine eigene kleine Wohnung nehmen würde. Die Nähe zueinander erleichtert die

Koordination der Projektarbeit auch hier, wichtige Briefe und die Kommunikation mit Behörden und Banken bleiben in der Abwesenheit eines Partners nicht unerledigt liegen, das Einbruchsrisiko in eine lange leerstehende Wohnung während des Auslandsaufenthalts wird vermieden, und vom Blumengießen bis zur Betreuung der Haustiere übernehmen die jeweils daheim gebliebenen Partner die Aufgaben des gerade Abwesenden.

Eine solche Projektgruppe kann auch hierzulande umschichtig geschäftlich aktiv sein. Sie kann gemeinsam ein Lokal pachten, das jeweils von denen gemanagt wird, die gerade hier sind – vielleicht mit Spezialitäten des Ziellandes und mit einer Dekoration, die die Neugier der Gäste auf dieses Land weckt. Wenn dic Projektgruppe auch Reisen dorthin vermittelt (vielleicht auch Aufenthalte in ihrem eigenen Gästehaus oder in ihrer eigenen Sprachschule dort), können in einem solchen Lokal auch Informationen und Anmeldezettel dafür ausliegen.

Wenn es nicht gleich ein Lokal sein soll: Auch mit einem mobilen Delikatessenstand auf deutschen Wochenmärkten lassen sich Spezialitäten des Projekt-Ziellandes wechselweise von den gerade hier lebenden Partnern unter die Käufer bringen. Und so mancher Kunde wird Interesse zeigen, die Marktleute und ihr Projekt auch einmal in ihrer Zweitheimat zu besuchen.

Von der Importfirma für Produkte des Ziellandes über das Reisebüro bis zum spezialisierten Maklerbüro für Ferienhäuser zum Mieten, für Hausboote oder für Kaufimmobilien im Zielland lassen sich viele Geschäftsideen finden, die von Projektgemeinschaften hier wie dort umschichtig gemanagt werden können.

Schließlich können Teilzeit-Aussteigermodelle auch ideale Vorstufen zu einem später dann doch permanenten Leben im Zielland sein. Ein Beispiel von vielen ist die Musikakademie des Wiesbadener Gitarrenlehrers und Konzertgitarristen Fabian Payr in der Toskana. Seine kreativen Musikseminare hat er dort mit seiner Frau und etlichen Dozenten als Partner zunächst als Teilzeitprojekt von Deutschland aus begonnen. In Wiesbaden ist auch nach wie vor der Hauptsitz des Projekts. Unter dem Namen »musica viva« bietet es Hobbymusikern in der inspirierenden Umgebung der toskanischen Landschaft Kurse für Saxophon, Gitarre, Flöte und Gesang sowie gemeinschaftliches Musizieren vom Kammermusikensemble bis zur Big Band.

Am Anfang hatten Payr und seine Frau Ariane genau das machen wollen, was so viele Toskana-Begeisterte schon vor ihnen getan hatten: ein großes, altes Natursteinhaus kaufen, es renovieren und dann darin die eigenen Kurse abhalten. Schon bald waren sie aber klüger. Zu viele deutsche Aussteiger hatten bereits solche Häuser restauriert und erst zu spät festgestellt, daß Umbau, Unterhalt und Bewirtschaftung eines derartigen Anwesens allein schon eine Lebensaufgabe für sich ist. Die Folge: Über die ganze Toskana verteilt stießen die Payrs auf renovierte, aber ungenutzte Seminarhäuser, deren Eigentümer einfach nicht mehr die Kraft aufbrachten, nun auch noch eigene Kurse zu veranstalten und für sie zu werben.

Fabian Payrs Idee half beiden Seiten: Statt viel Geld in ein eigenes Haus zu stecken, mietete er lieber die schönsten Häuser für die Dauer der jeweiligen Kurse. Das sicherte ihm auch die Flexibilität, weiterhin in Deutschland Konzerte zu geben: »Und auch für mein eigenes Komponieren behielt ich den Kopf frei, statt mich jahrelang auf einer Baustelle mit Handwerkern, Lieferanten und Behörden herumschlagen zu müssen.« Ariane behielt in der alten Heimat ihren Job als Redakteurin, und Zug um Zug gewann das Projekt von Wiesbaden aus Profil. In dieser Phase des Pendelns zwischen hier und dort haben die Payrs wichtige Erfahrungen gesammelt und Kontakte geknüpft – aber auch erkannt, daß bis zu sieben Fahrten hin und her pro Jahr auf Dauer zu aufreibend sind. Nachdem ihre anfänglichen Zweifel an der wirtschaftlichen Tragfähigkeit ihrer Idee ausgeräumt sind, können sie sich nun vorstellen, permanent in Italien zu leben und dort die Zentrale von »musica viva« einzurichten. Ein gleitender Übergang vom Teilzeit- zum Vollzeitausstieg wäre damit gelungen.

DAS FINANZKONZEPT
Tips und Tricks für die Aussteigerkasse

Wie legen Sie Ihr Geld am besten an? Welche Anlageform bringt die höchsten Zinsen oder die optimalen Steuervorteile? Eine riesige Branche lebt selbst sehr gut davon, Ihr Geld vermehren zu wollen: Wirtschaftsmagazine, Immobilienvermittler, Bauunternehmer, Anlageberater, Fondsgesellschaften, Börsenmakler, Banken, Seminarveranstalter, Buchautoren, Lebensversicherungen und Bausparkassen.
Was aber kommt am Ende dabei heraus? Oft genug mickrige Renditen (für alle, die auf Nummer Sicher gehen wollen) oder aber enorme Risiken bei waghalsigen Spekulationen, im Extremfall bis hin zum Totalverlust des eingesetzten Kapitals.
»Traumrenditen von 100 Prozent«: Eine Geldanlage, deren Werbung so etwas fest verspricht, ist entweder unseriös, kriminell oder hochriskant. Auf viel elegantere Weise läßt sich dagegen eine solche »Verzinsung« erzielen, indem man sich in einem Land niederläßt, in dem das Leben nur halb so teuer ist wie in Deutschland.
Jeder Anlageberater würde über diese Rechnung nur müde lächeln, aber in der Praxis geht sie tagtäglich millionenfach auf – und ist der vielleicht wichtigste Faktor in der Finanzplanung für den Ausstieg. Die hierzulande übliche Feilscherei um ein halbes Prozent Zinsen mehr oder weniger ist geradezu lächerlich im Vergleich zu der Möglichkeit, durch die Wahl des richtigen Ziellandes die Lebenshaltungskosten zu halbieren – und so mit seinem Geld doppelt so lange auszukommen wie hierzulande. Tatsächlich ergibt sich daraus

eine subjektive, also auf den eigenen Lebensentwurf bezogene Rendite von 100 Prozent – steuerfrei noch dazu.
Diesen Punkt gilt es aber besonders realistisch und ohne Illusionen vorab zu kalkulieren. Während etwa in einigen asiatischen Ländern die Dinge des täglichen Lebens nur mit einem Bruchteil dessen zu Buche schlagen, was sie in Deutschland kosten würden, kann man anderswo vor bösen Überraschungen nicht sicher sein: In den USA oder in Kanada können die monatlichen Ausgaben locker das deutsche Niveau erreichen. Und selbst in Ländern mit generell niedrigen Lebenshaltungskosten können Maschinen, Elektrogeräte, Solarstromanlagen, Autos, Generatoren und Ersatzteile, die von weither importiert werden müssen, viel teurer sein als hierzulande – oft auch aufgrund von astronomisch hohen Einfuhrzöllen.
Die subjektive Rendite Ihres Lebensentwurfs im Ausland ergibt sich also aus der Differenz zwischen

- den *möglichst hohen* laufenden Einnahmen in Ihrem Heimatland (Zinsen aus Geldanlagen, Mieteinnahmen, Pachterlöse, Tantiemen, Betriebsbeteiligungen, Renten) einerseits und
- den *möglichst niedrigen* Investitionsaufwendungen (Grundstückskauf, Baukosten) und Lebenshaltungskosten in Ihrem Zielland andererseits.

In der Praxis läßt sich diese subjektive Rendite noch steigern, indem man im Heimatland die Kosten für Dinge senkt oder gänzlich einspart, die bei längerer Abwesenheit entbehrlich sind. Die Flugkosten zum Sonnenziel finanzieren bräunungsbewußte Aussteiger allein schon durch die Ersparnis an Solariumbesuchen, die sich für viele hierzulande in der langen, sonnenarmen Saison auf rund tausend Mark aufaddieren würden. Und die in einem deutschen Winter gesparten Heizkosten eines Einfamilienhauses (die bei längerer Abwesenheit dann eben ein Mieter, Untermieter oder Zwischenmieter zu tragen hat) finanzieren in manchen Tropenländern schon zwei oder mehr Monate lang die täglichen Lebenshaltungskosten.

Oder die Kleidung: Gerade in sonnigen Gefilden lassen sich im Vergleich zu Deutschland pro Jahr locker tausend Mark und mehr an Garderobe einsparen. Der ehemalige Journalist Carl Schmidt-Polex, seit 1992 im Süden Floridas ansässig, kommt dort ganzjährig fast immer »mit fünf Shorts und zehn T-Shirts« aus – trotz durchaus komfortabler Lebensweise mit Luxuslimousine, Golf und Tennis. Bei diesen Hobbys spart er abermals kräftig: Statt zehntausend Mark oder mehr an einen deutschen Golfclub zu zahlen, spielt er auf Floridas öffentlichen Plätzen zwischen Pools und Palmen fast umsonst. Und für die tägliche Tennisrunde kostet die Dose Bälle nur einen Bruchteil des Preises, den Schmidt-Polex aus Deutschland gewohnt war. Auch ausgedehnte Ausflüge mit Besuchern aus Deutschland sind durchaus billige Vergnügen: Benzin und Ölwechsel kosten gerade ein Drittel der deutschen Preise.

Das Beispiel von Schmidt-Polex zeigt: Die subjektive Rendite des Lebens im Ausland hängt entscheidend davon ab, welche Dinge des eigenen Lebensstils für jemanden wichtig sind und welche nicht. Wer, um beim Beispiel Florida zu bleiben, täglich in exquisiten Restaurants essen will (dort mindestens so teuer wie in Deutschland) und für ein großes Haus entsprechend stattliche Hurrikan-Versicherungsprämien und hohe Renovierungskosten (wegen des schwülen Klimas) zu zahlen hat, kommt in der Summe aller Ausgaben womöglich schlechter weg als in Deutschland. Wer sich aber mit einem mittelgroßen Häuschen begnügt, wer das witzige

Ambiente unkomplizierter (und billiger) US-Lokale schätzt und zudem noch Spaß am Einkaufen und am Selberkochen hat (tropische Früchte und frischer Fisch sind billig, und die riesigen Supermärkte bieten Rabattaktionen für eine üppige Fülle kulinarischer Produkte) und dann eben auch noch bei Garderobe, Golf, Tennis und Benzin gewaltig spart, dessen Lebensstil kann durchaus nur halb soviel kosten wie in der alten Heimat.

Für den wichtigen Punkt der subjektiven Rendite lassen sich die einmaligen Investitionen und die laufenden Lebenshaltungskosten nur mit genauer Landeskenntnis realistisch einschätzen. Ein Gang über den Wochenmarkt reicht da bei weitem nicht aus. Immer wieder bestätigen die Erfahrungsberichte von Aussteigern: Je sorgfältiger sie sich im voraus über alle Details informiert hatten, desto geringer war später das Risiko von Enttäuschungen und Fehlkalkulationen.

Nicht nur zur Ermittlung Ihrer subjektiven Rendite, sondern ganz allgemein zur realistischen Einschätzung der Chancen Ihrer Aussteigerpläne müssen Sie unbedingt:

- *in Ihrem Zielland Gespräche führen* – mit so vielen und mit so unterschiedlichen Leuten wie nur möglich.

Wenn Sie ein landwirtschaftliches Projekt aufziehen wollen: Befragen Sie Kleinbauern nach Pacht- und Kaufpreisen, nach Unterschieden bei der Bodenqualität und nach Ausfallrisiken durch Schädlinge, Diebstahl und Unwetter! Befragen Sie Gemüsehändler und Agrargenossenschaften nach realistischen Abnahmepreisen, Saatgutgroßhändler nach Einkaufspreisen, Transporteure nach Transportkosten!

Über Kosten wie Löhne, Steuern und zu zahlende Sozialleistungen müssen Sie ebenso Bescheid wissen wie über die Konkurrenzsituation. Dieser Punkt wird von Aussteigern erfahrungsgemäß immer wieder unterschätzt. Das sollte Ihnen nicht passieren. Immer wieder gilt: Machen Sie den traditionellen Erwerbszweigen der einheimischen Bevölkerung nicht unsensibel Konkurrenz, machen Sie sich Ihre neuen einheimischen Nachbarn nicht unnötig zu Feinden und Rivalen! Sondern binden Sie sie ein in Ihr Projekt, machen Sie sie zu Partnern, profitieren Sie von ihrem Wissen und ihrer Landeskenntnis zum gemeinsamen Wohl!

- *die Medien des Ziellandes beobachten.* Welche sind die großen politischen und wirtschaftlichen Themen? Welchen Branchen drohen Probleme? Wie entwickeln sich (wichtig für touristische Projekte) die Auslastungsquoten der Hotellerie? Mit welchen Renditen rechnen Experten der Branche, in die Sie einsteigen wollen? Wird mit einem Anstieg oder einem Verfall der Immobilienpreise gerechnet – und wenn ja, in welchen Regionen Ihres Ziellandes? Stehen auf den Anzeigenseiten der Zeitungen auffallend viele Farmen, Strandgrundstücke, Restaurants oder Pensionen zum Verkauf? Welche Ursachen hat das? Welche Partei mit welchen wirtschaftspolitischen Zielen hat gute Aussichten, die nächsten Wahlen zu gewinnen? Sollen Ausländer danach womöglich höher besteuert oder etwa beim Grunderwerb benachteiligt werden?

Um die subjektive Rendite sauber kalkulieren zu können, sollten Sie unbedingt die Ersparnisfaktoren aufteilen in *einmalige Investitionen* (Grunderwerb, Hausbau, Firmengründung usw.) einerseits und *laufende Lebenshaltungskosten* andererseits. Wenn Sie beispielsweise beim Erwerb eines Grundstücks und dem Bau eines Hauses rund 250 000 Mark gegenüber einer gleichwertigen Immobilie in Deutschland sparen, erhöht auch die Ersparnis an Kreditzinsen für diese Differenzsumme Monat für Monat Ihren finanziellen Vorteil, also Ihre subjektive Rendite. Aber wohlgemerkt: Diese Rendite ist subjektiv, sie bezieht sich also allein auf den von

Ihnen gewählten und bevorzugten Lebensentwurf. Objektiv existiert sie womöglich gar nicht: Bei einem Wiederverkauf der Immobilie würden Sie eben in Deutschland wahrscheinlich die besagten 250 000 Mark mehr wieder einnehmen.

Zusätzlich wird die subjektive Rendite Ihres Lebens im Ausland beeinflußt durch die Antworten auf folgende Fragen:

- *Welche Branchen und Projekte werden finanziell gefördert?*

Etliche Länder sind höchst interessiert an der Ansiedlung bestimmter Branchen und Betriebe. Für neue touristische Projekte, zu denen auch schon kleine und kleinste Gästehäuser, Autovermietungen, Rundreiseveranstalter, Mountainbikeverleihe oder Sprachschulen zählen können, oder allgemein für Firmen, die mit europäischem Know-how und mit Export-Import-Verbindungen nach Deutschland Arbeitsplätze für einheimische Beschäftigte schaffen, gibt es nicht selten gezielte Förderprogramme. Die Anreize dieser Förderung sind vielfältig: Sie reichen von der Befreiung von Einfuhrzöllen über zinsgünstige Darlehen oder bare Investitionszuschüsse bis zur befristeten Befreiung von Steuern auf erzielte Gewinne. Voraussetzung für die Bewilligung einer solchen Förderung ist oft die Gründung einer Firma mit (zumindest für deutsche Verhältnisse) recht komplizierter rechtlicher Struktur – in spanischsprachigen Ländern in der Regel einer »Sociedad Anonima« (S.A.). Auch der Kauf einer Immobilie rechnet sich in manchen Ländern günstiger, wenn eine solche Firma statt einer Privatperson als Erwerber auftritt.

Mit einer solchen Firmengründung sichern sich Aussteiger in aller Welt auch die finanzielle Förderung ihrer eigenen Hobbys – etwa wenn die eigene Segelyacht, das eigene Motorrad oder die eigenen Reitpferde als betriebliche Investitionen deklariert werden: zum Aufbau eines Veranstalters für Bootsausflüge, für Motorradtouren oder für Geländeritte. Auch die Gästezimmer im eigenen Haus lassen sich in der Regel mit etwas Geschick als Investition in einen Geschäftsbetrieb geltend machen: in eine Pension oder zur Unterbringung von Teilnehmern an Sprachkursen. Selbstverständlich müssen solche Investitionen Bestandteil eines schlüssigen Betriebskonzepts sein, das meistens, zusammen mit einer Wirtschaftlichkeitsberechnung für die ersten Jahre, den Behörden zur Prüfung und Genehmigung vorgelegt werden muß.

Informationen erteilen die Wirtschaftsabteilungen bei den Botschaften und Konsulaten der jeweiligen Länder hier in Deutschland oder spezielle Wirtschaftsförderungsbüros und Handelskammern, die manche Länder extra für solche Beratungen in Deutschland oder im benachbarten europäischen Ausland unterhalten.

- *Welche steuerliche Konstruktion ist die günstigste?*

Was können Sie unternehmen, um sowohl in Deutschland als auch im Zielland Ihre Steuern zu senken? Wenn Sie sich, etwa mit einem Teilzeit-Aussteigerprojekt im Wechsel mit Partnern, immer nur für einige Monate in Deutschland aufhalten und hier dann entsprechend weniger Geld verdienen als mit einer Ganzjahresbeschäftigung, drückt das natürlich Ihre Steuerzahlungen an den deutschen Fiskus erheblich. Entscheidend ist dann, wie Sie die restliche Zeit des Jahres in Ihrem Zielland finanzieren. Wenn Sie dort keinerlei gewerbliche Einnahmen haben, sondern mit dem in Deutschland verdienten Geld einfach nur billig und glücklich leben können: prima!

Etwas komplizierter wird es, wenn ein Projekt, das Sie in Ihrem Zielland allein betreiben oder an dem Sie beteiligt sind, nach Abzug aller Investitionen richtig Gewinn machen soll.

Wenn das Ihr Ziel ist, lassen Sie sich unbedingt rechtzeitig von einem Steuerberater Ihres Vertrauens in Ihrer alten Heimat beraten! Wichtige Punkte sind unter anderem: Besteht zwischen Deutschland und Ihrem Zielland ein *Doppelbesteuerungsabkommen?* Welche Konsequenzen hat das für Ihre konkrete steuerliche Situation und für Ihr Projekt? Lohnt es sich womöglich in Ihrer Situation, den deutschen Wohnsitz ganz aufzugeben (was aber grundsätzlich nicht ratsam ist), weil Sie dann eventuell steuerliche Vorteile nutzen können – allerdings nur, wenn Sie tatsächlich *mehr als die Hälfte des Jahres im Ausland* verbringen? Sie sehen schon: Auch wer noch nie die Hilfe eines Steuerberaters in Anspruch genommen hat, sollte vor der Ausstiegsentscheidung keinesfalls am falschen Ende sparen. Das Honorar für eine ausführliche Beratung ist gut angelegt!

• *Lohnt es sich, in Deutschland eine Firma zu gründen?*

Die Vorteile einer solchen Firmengründung im Heimatland werden vielen Aussteigern erst bewußt, wenn sie schon nicht mehr hier sind. Dann haben sie sich aber schon etliche dieser Vorteile entgehen lassen. Das sollte Ihnen nicht passieren! Mit einer plausiblen Geschäftsidee können Sie nämlich schon lange vor Ihrem tatsächlichen Absprung in Deutschland Steuern sparen.

Sogenannte Anlaufverluste zum Aufbau einer Firma hier muß Ihr Finanzamt in der Regel akzeptieren. Solche Anlaufverluste können zum Beispiel Flugkosten in Ihr künftiges Zielland sein plus pauschalierte Tagessätze für Verpflegung und Übernachtung dort während Ihres gesamten Aufenthalts, außerdem Kosten für rechtliche und steuerliche Beratung, für Reisen innerhalb Deutschlands zu Informationsveranstaltungen, zu möglichen künftigen Geschäftspartnern, zu Botschaften und Konsulaten, ferner Fachliteratur und die Grundausstattung eines Büros oder Arbeitszimmers mit dem entsprechenden Inventar. Wenn Sie diese Anlaufkosten für eine neue Firma schon in solchen Jahren geltend machen, in denen Sie hier in Ihrem Hauptberuf noch gut verdienen und entsprechend hohe Steuern zu zahlen hätten, können Sie Ihre Steuerlast ganz erheblich senken.

Allerdings muß Ihre Firma einen konkreten, plausibel zu begründenden Geschäftszweck verfolgen. Mit Ihrem bisherigen Beruf muß dieser Geschäftszweck nicht unbedingt etwas zu tun haben; wenn es allerdings Bezugspunkte zwischen beidem gibt, um so besser. Daß Sie womöglich noch in einem sicheren und gutbezahlten Arbeitsverhältnis stehen und dieses erst aufzugeben bereit sind, wenn Ihre neue Firma einige Jahre später Gewinne abwerfen sollte, ist allein Ihre Entscheidung, die das Finanzamt nicht zu bewerten hat.

Es ist auch nicht Aufgabe des Finanzamts, inhaltliche Prognosen über die Erfolgsaussichten Ihrer neuen Firma anzustellen oder anzuzweifeln! Lediglich die Zielstellung der Firma muß in sich schlüssig sein. Sie darf nicht den Eindruck erwecken, als sei sie nicht auf Erzielung eines Gewinns ausgerichtet. Keinesfalls darf der Anschein von bloßer Liebhaberei (tatsächlich ein Ausdruck aus dem Steuerjargon!) entstehen. Und schließlich müssen die von Ihnen geltend gemachten Anlaufkosten in einem direkten, unmittelbaren Zusammenhang mit dem Geschäftszweck Ihrer neuen Firma stehen. Ohne Steuerberater sollten Sie zumindest die Startphase nicht angehen!

Je nach Rechtsform Ihrer Firma kann die Gründung unkompliziert und billig oder umständlich und teuer werden. Ihr Steuerberater wird Ihnen die Vor- und Nachteile einer Einzelfirma, die allein auf Ihren Namen läuft, einer »Gesellschaft bürgerlichen Rechts« (GbR) mit einem Partner, einer OHG, einer GmbH oder einer KG erläutern. Zur Aufnahme der Geschäftstätigkeit reicht in den einfachsten Fällen die Anmeldung eines Gewerbes bei Ihrer Gemeindeverwaltung aus. Freiberufler sind sogar auch davon befreit und müssen die Aufnahme einer freiberuflichen Tätigkeit nur dem Finanzamt mitteilen.

Auch in den ersten Jahren, in denen Sie schon im Ausland aktiv sind, wird Ihr deutsches Finanzamt in der Regel Anlaufverluste akzeptieren müssen – also von Ihnen geltend gemachte Kosten, die Ihre Steuern senken. Daß Sie anstreben, die Gewinnzone so schnell wie möglich zu erreichen, wird Ihr Steuerberater einige Verlustjahre lang glaubhaft machen können. Aber niemand kann von Ihnen eine Garantie dafür erwarten, daß sich Ihre Gewinnziele auch tatsächlich erreichen lassen. Aussteiger, die nur einen Teil des Jahres in Deutschland leben, sollten zumindest anstreben, mit der richtigen Strategie ihre Einkünfte und Verluste hierzulande so zu strukturieren, daß sie in die unterste Progressionsstufe des Steuersatzes rutschen. Etlichen Lebenskünstlern gelingt sogar eine Balance von Kosten und Einkünften, deren Summe dann alle Einkommensteuergrenzen unterschreitet: Sie landen nach geschickter Berechnung unter der Obergrenze des sogenannten Existenzminimums. Und das ist gänzlich steuerfrei!

Zweiter Vorteil einer Firmengründung in der alten Heimat: Sie können von den dann betrieblich veranlaßten Kosten die darin enthaltene Mehrwertsteuer (Umsatzsteuer) abziehen. In den Jahren, in denen Ihre Firma zunächst Verluste macht, wird auch die Umsatzsteuererklärung negativ ausfallen. Das heißt, Sie können mehr Umsatzsteuer aus den Kosten abziehen als Sie aus den Einnahmen (die ja anfangs sehr gering sein werden) versteuern müssen. Und diese Differenz wird Ihnen vom Finanzamt direkt aufs Konto erstattet.

In einigen Aussteiger-Zielländern bringt die vorherige

Gründung einer deutschen Firma noch einen dritten Vorteil: nämlich dort, wo Mitarbeitern ausländischer Firmen der mehr oder weniger dauerhafte Aufenthalt leichter erlaubt wird. Dazu muß man üblicherweise nachweisen, daß man von einem Unternehmen des Heimatlandes entsandt worden ist, daß man von dieser Firma ein geregeltes Gehalt bezieht, und mitunter auch, daß man im Heimatland seinen sogenannten Lebensmittelpunkt beibehalten hat.
In einem solchen Zielland lassen sich die Hürden der Aufenthaltserlaubnis oft leichter überspringen, wenn die deutsche Firma (= die dem eigenen Partner oder einem Teilhaber am gemeinschaftlichen Projekt gehört) diese Nachweise erbringen kann: in Form von Bescheinigungen, aber, wenn nötig, auch mit regelmäßigen Gehaltsüberweisungen aus Deutschland. Gelegentlich reicht es sogar aus, sich quasi selbst ins Zielland zu entsenden – etwa als einer von mehreren Geschäftsführern einer GmbH, die man selbst gegründet hat.
Vorteil Nummer vier: Sollten Sie arbeitslos sein und schon einige Zeit Arbeitslosengeld bezogen haben, können Sie möglicherweise sogar beim Arbeitsamt einen Antrag auf »Förderung der Aufnahme einer selbständigen Tätigkeit« stellen. Solche Zuschüsse können auch noch nach Ablauf der Höchstdauer der Arbeitslosengeldzahlungen bis zu sechs Monate lang gewährt werden. Ob allerdings für eine solche Förderung in Ihrem Arbeitsamtsbezirk Mittel zur Verfügung stehen und wie lange sie angesichts allseits knapper Kassen fortbestehen wird, ist nicht sicher.
Welche Branchen kommen in Frage für eine glaubwürdige und tatsächlich unternehmerisch sinnvolle Firmengründung? Vielleicht ein Import von landestypischen Produkten Ihres Ziellandes nach Deutschland? Oder umgekehrt der Export hiesiger Erzeugnisse nach dort? Oder eine Reisever-

mittlung mit dem Status eines Reisebüros, das sich auf Reisen in Ihr Zielland spezialisiert? Bei dieser Geschäftsidee ist aber der Unterschied zwischen der Vermittlung und der Veranstaltung von Reisen eminent wichtig: Sobald Sie als Reiseveranstalter auftreten, unterliegen Sie den strengen Auflagen des deutschen Reiserechts, vor allem in puncto Haftung für Reisemängel und Absicherung von Kundengeldern bei Konkurs. Die bloße Vermittlung von Reisen (für die Sie von den Veranstaltern eine Provision erhalten) ist allemal die sicherere und sorgenfreiere Variante.

Auch die Immobilienbranche bietet interessante Perspektiven. So können Sie sich in Deutschland als Makler auf die Vermittlung von Grundstücken und Häusern in Ihrem Zielland spezialisieren. Logisch, daß Sie zu einem solchen Geschäftszweck eben auch geschäftlich häufig in das jeweilige Land reisen müssen. Das gilt auch für den Fall, daß Sie einem bereits auf dieses Land spezialisierten Maklerbüro bloß zuarbeiten, also als freiberuflicher Mitarbeiter eines solchen Unternehmens selbständig Kontakte zu Kaufinteressenten herstellen und im Erfolgsfall eine sogenannte Unterprovision kassieren. Eine erste Einschätzung der Immobiliensituation in Ihrem Zielland und einen Überblick über die darauf spezialisierten Makler bietet jeden Monat die Zeitschrift *Bellevue*.

Einige der im Kapitel »Konzepte für den Absprung« genannten Aussteigerprojekte zeigen weitere Ansatzpunkte für Geschäftsideen hierzulande. Zwei Beispiele aus diesem Kapitel: Der ehemalige Aprikosenpflanzer in der Türkei sagt selbst, daß die Gründung einer Beratungsfirma für den Anbau biodynamisch erzeugter Produkte und für die Vermittlung von Exportbeziehungen nach Deutschland der bessere Weg gewesen wäre: sicherlich eine Geschäftsidee, die eine sorgfältige Prüfung wert ist. Und wer in Arizona

Motorräder an deutsche Kunden vermietet, kooperiert sicherlich gern mit einer kleinen deutschen Reisevermittlung, die sich hier ganz auf Traumtouren für begeisterte Biker spezialisiert. Alle diese und noch viele weitere Geschäftsideen rechtfertigen längere Reisen in Ihr Zielland, deren Kosten Sie von der Steuer absetzen können.

- *Können Selbstversorgung und Eigenanbau die Lebenshaltungskosten senken?*

Die Antwort auf diese Frage ist abhängig von Ihrem Zielland und von Ihren Ansprüchen. Schon in südeuropäischen Ländern, erst recht aber in den Tropen läßt sich durchaus ein erheblicher Teil der hierzulande gewohnten Ausgaben für Gemüse, Obst, Fisch und andere Lebensmittel durch Selbstversorgung und Eigenanbau einsparen. Gerade dort, wo große Grundstücke zum Anbau dieser Erzeugnisse billig zu kaufen oder zu pachten sind, läßt sich der Traum vieler Aussteiger vom gesunden, chemiefreien Essen zumindest teilweise billig erfüllen. Bananen, Maniokwurzeln (Yucca) statt Kartoffeln, Zitrusfrüchte, Papayas, Mangos, Ananas, Kokosnüsse und Avocados zum Beispiel lassen sich ohne größere Schwierigkeiten selbst kultivieren. Fisch ist in küstennahen Regionen vieler tropischer Länder billigst zu kaufen oder selbst zu angeln, und die Hühnerhaltung ist auf großen Grundstücken meistens auch kein Problem.

Wer also bereit ist, sich der Kultur und den Eßgewohnheiten seines südlichen Ziellandes anzupassen, kann sich dort mit landestypischen Produkten billig und trotzdem vitamin- und nährstoffreich verpflegen. Wer allerdings vom Heimweh gepackt wird und auch in den exotischsten Ländern nicht auf Importprodukte aus Europa oder den USA verzichten mag, wird für Essiggurken und Leberwurst in teuren Spezialgeschäften tief in die Tasche greifen müssen.

Auf jeden Fall wird man sich bei seinen Besuchen in der alten Heimat ein Schmunzeln nicht verkneifen können über die Wucherpreise, zu denen auf deutschen Gourmetmärkten Waren angeboten werden, die im eigenen Tropengarten im Überfluß zu pflücken sind. Ob nun Carambola-Sternfrüchte für drei Mark das Stück (nach denen sich im Ernteland keiner mehr bückt, weil sie zu Hunderten von den Bäumen fallen) oder aromatische Minibananen zu astronomischen Hundert-Gramm-Preisen (die wild wuchernd am Straßenrand zum Nulltarif zu haben sind): Vor den Auslagen deutscher Feinschmeckerläden ist ein geldwerter Vorteil der exotischen Zweitheimat ganz konkret nachzurechnen.

Vor einer Entscheidung für ein bestimmtes Aussteigerprojekt gehören auch die folgenden Punkte unbedingt auf Ihre Checkliste:

- *Wie sicher ist die Währung Ihres Ziellandes?* Verliert sie beständig an Wert – was gerade in etlichen Tropenparadiesen üblich ist? Oder besteht gar die Gefahr einer plötzlichen, politisch womöglich gewollten Abwertung dieser Währung? Dann kann sogar eine hohe Verzinsung auf einem Konto in dieser Währung den effektiven Wertverlust oft nicht ausgleichen.

In solchen Fällen sollte man die *Einrichtung eines US-Dollar-Kontos* erwägen. In einigen Ländern mit instabilen Währungen ist ohnehin der US-Dollar de facto eine Zweitwährung. Wer sich zu Zeiten eines niedrigen Dollarkurses mit der amerikanischen Währung eindeckt, kann auf seinem Dollarkonto Zinsen kassieren und zusätzlich von der Entwertung der Landeswährung profitieren: Für einen Dollar gibt es dann Woche für Woche mehr Geld in der Landeswährung.

- *Wie sicher sind die Banken in Ihrem Zielland?* Gerade in diesem Punkt ist »typisch deutsches« Sicherheitsdenken angebracht. Hierzulande können wir uns auf die gesetzlich verankerten Sicherungsmechanismen verlassen, die Kundengelder auf Bankkonten schützen, selbst wenn ein Bankhaus mit milliardenschweren Fehlspekulationen ins Schleudern gerät. Woanders sind solche Sicherungen oft unbekannt. Immer wieder kommt es zu Bankpleiten großen Stils, bei denen die Ersparnisse vieler Bürger vernichtet werden. Im Zweifelsfall sollte man sein deutsches Heimatkonto als sicheres Depot nutzen und nur eine Reserve für ein, zwei Monate im Zielland auf dem Konto haben.

- *Wie sicher sind Ihr Geld und Ihr Besitz im Zielland?* Vergewissern Sie sich genau, ob Ihnen dort Geldüberweisungen aus der deutschen Heimat ungeschmälert ausgezahlt werden! Selbst innerhalb der Europäischen Union ist man vor bösen Überraschungen nicht sicher. So hat zum Beispiel Dänemark einige Jahre lang von deutschen Renten, die direkt an ihre deutschen Empfänger mit dänischem Wohnsitz überwiesen wurden, stolze 50 Prozent Steuern beansprucht. Auch andere skandinavische Nachbarländer planen nach einem Bericht der *Wirtschaftswoche* angeblich die Besteuerung von Einkünften aus dem Ausland.

Demselben Bericht zufolge wird immer wieder darüber gemutmaßt, daß auch einige deutsche Politiker bei Direktüberweisungen von Renten ins Ausland schon an Kürzungen denken. Deshalb unbedingt weiter das Wohnsitzkonto in Deutschland beibehalten und erst von dort die benötigten Summen weiter ins Zielland transferieren!

Auch ein Blick auf das Erbrecht des Ziellandes lohnt. So erben in Frankreich automatisch die Kinder des Verstorbenen eine Immobilie und das Barvermögen. Und weil für Deutsche, die dauerhaft in Frankreich wohnen, das französische Erbrecht gilt, gehen sogar der Ehepartner oder andere Begünstigte leer aus – es sei denn, man hat vorgesorgt und bei einem französischen Notar ein korrektes Testament hinterlegt.

• *Wie sicher sind Ihre Einkünfte in Deutschland?* So angenehm es auch ist, am Ziel seiner Träume regelmäßig die Erträge einer Geldanlage in der alten Heimat zu kassieren: Eine sorgenfreie und unkomplizierte Anlage sollte Ihnen wichtiger sein, als die letzte zusätzliche Mark aus einem Investment herauskitzeln zu wollen, das Sie ununterbrochen im Auge behalten müssen. Hektische Spekulationen, riskante Aktiengeschäfte und kurzfristige Dispositionen aus der Ferne zu tätigen, nur weil eine noch höhere Rendite lockt als bei einer konservativen, dauerhaft soliden Anlage, hat schon viele Aussteiger ins Schwitzen gebracht. Allein der Zeitunterschied nach Deutschland erschwert oft schnelle Reaktionen und Entscheidungen, der Zugang zu Markt- und Börseninformationen ist nicht überall möglich, und vor allem: Wollen Sie Ihr neues Leben tatsächlich wieder mit Hektik, Streß und Sorgen der Finanzwelt belasten?
Also besser: mittel- bis langfristige Investments mit absolut sicherer Rendite tätigen. Und vermietete Wohnungen lieber für ein paar Mark Verwaltungsgebühr einer Hausverwaltung zur Betreuung während Ihrer Abwesenheit übertragen, als jede Wasserhahnreparatur und jeden Rückstand bei der Mietzahlung direkt mit den Mietern aus der Ferne regeln zu müssen.

Eine so grundsätzliche Weichenstellung in Ihrem Leben, wie es der Ausstiegsentschluß nun einmal ist, ist auch der richtige Anlaß für einen schonungslosen Kassensturz. Überprüfen Sie zum Beispiel, was Sie jahrein, jahraus stillschweigend an Prämien für Versicherungen zahlen! Die Zeitschrift *DM* hat herausgefunden, daß sich im Laufe eines Lebens 500 000 Mark und mehr an Versicherungsprämien einsparen lassen, wenn man sich nur gegen die wirklich wichtigen Risiken absichert und den für die individuelle Situation günstigsten Tarif beim wiederum günstigsten Versicherungsun-

ternehmen wählt. Besonders Singles sind sich oft gar nicht bewußt, daß sie teure Beiträge für Dinge mitbezahlen, die sie nie brauchen werden: den Schutz von Hinterbliebenen etwa, der in der Lebensversicherung für die Absicherung der Familienangehörigen gedacht ist.
Zusammenfassend läßt sich festhalten, daß *Kernziele Ihres persönlichen Finanzkonzepts* sein sollten:

- Subjektive Rendite: so hoch wie möglich,
- Einnahmen aus Deutschland: so sicher wie möglich,
- Steuern hier und dort: so niedrig wie möglich,
- Ihr Besitz im Zielland: Wertsteigerung wahrscheinlich.

Abschließend aber zur Erinnerung noch einmal grundsätzlich: Für Aussteiger sollte das Bankkonto immer weniger wichtig sein als das Erfahrungskonto. Über Statusneid und Geldgier sollten Sie erhaben sein. Geldverdienen ist für Sie eben nicht Selbstzweck, sondern nur Mittel zum Zweck. Der Zweck heißt: besser, freier, gesünder, glücklicher leben. Die banale, aber richtige Erkenntnis, daß mehr Geld nicht mehr Glück garantiert, sollten Sie tief verinnerlicht haben. Und denken Sie daran: Ihr Bankguthaben kann schrumpfen – Ihr Erfahrungsguthaben nie. Ihr Erfahrungskonto trägt üppige Zinsen: Begegnungen mit Menschen etwa, die Sie sonst nie kennengelernt hätten und über die Sie wieder neue Erfahrungen machen und wieder neue Menschen und Lebensformen kennenlernen. Das ist der Zinseszinseffekt des Erfahrungskontos. »Das letzte Hemd hat keine Taschen«, sagt das alte Sprichwort. In der Lebensbilanz wird es einmal völlig egal sein, mit wieviel Geld Sie für immer die Augen schließen. Befriedigender beim Blick zurück ist da allemal ein hoher Guthabenstand auf dem Erfahrungskonto.

TODO VA A SALIR BIEN SI DIOS LO PERMITE
– Alles wird gut ausgehen, wenn Gott es will – Aussteigererfahrungen des Autors in Costa Rica

Das Geräusch hätte mich stutzig machen müssen. Noch Monate später, immer wenn sich diese Minuten wie ein Zeitlupenfilm in mir abspulten, kam es ganz klar heraus: Der nächtliche Dschungel hat viele Geräusche – aber eben andere: das Kieksen und Gackern eines aufgewachten Vogels, das Rascheln der Bananenblätter im Windhauch, das Meeresrauschen vom Strand, das Trippeln der Landkrabben im trockenen Laub. Doch dieses Scharren und Rumoren im Inneren des Häuschens, das ich schon auf 20 Meter Entfernung hören konnte, hätte meine Vorsicht wecken müssen.

Aber ich war einfach zu müde. Neun Stunden holprige Busfahrt aus San José, der Hauptstadt Costa Ricas, dann das große Hallo mit Nachbarn und Freunden, der eine oder andere Drink: Die Wachsamkeit war dahin. Ich kehrte nicht um, um von nebenan Begleiter zu holen. Ich wollte nur noch in mein Bett. Zügig ging ich auf das runde Palmendachhäuschen zu, durch dessen hölzerne Jalousien kein Licht drang. Erst vor der Tür war ich ganz plötzlich hellwach: Sie war angelehnt. Daß ich sie abgeschlossen hatte, daran erinnerte ich mich trotz aller Schläfrigkeit noch ganz genau. Drinnen war es jetzt still.

Mit einem Ruck riß ich mit dem rechten Arm die Tür weit auf, mit der linken Hand knipste ich das Licht an. Aufgerissen lagen meine Taschen am Boden. T-Shirts und Shorts bedeckten die Fliesen. Fernglas, Kamera, Walkman, Paß und Schecks waren schon zu einem Häufchen aufgeschichtet.

Welcher Teufel hatte mich geritten, die simpelsten Vorsichtsregeln zu vergessen und diese Sachen nicht bei mir zu tragen? Schecks und Bares für fünf Monate Aussteiger-Pionierzeit! Fette Beute, gleich in der ersten Nacht.
Die Tür ließ sich nicht ganz bis an die Wand öffnen. Ich drückte und drückte, lehnte mich mit meinem ganzen Gewicht gegen sie: Sie gab nach, immer ein bißchen, und federte gleich wieder ein paar Zentimeter zurück. Zwischen Tür und Wand klemmte ein Mensch und atmete. Ganz still, gefangen, für einen Moment hilflos, für mich unsichtbar. War er allein? Steckte ein Komplize vielleicht im Bad? Wer würde sich in der nächsten Sekunde anschleichen und mich niederschlagen?
Ich schrie um Hilfe, dreimal, viermal, war überrascht über die Kraft meiner Stimme. Weit weg, bei den Nachbarn, wurde gefeiert. Ab und zu wehten Musikfetzen herüber. Zehn Menschen waren wir alle zusammen – an zehn Kilometer Dschungelstrand. Sonst niemand, weit und breit.
Ich lockerte den Druck ein wenig, griff schnell in den Spalt zwischen Tür und Wand und packte ein Handgelenk: schmal und schmächtig. Das gab mir Mut. Ich riß den Arm hinter der Tür hervor und schleuderte einen Mann zu Boden, dessen Statur zum Handgelenk paßte. Ein Leichtgewicht, jung, verstörter Blick, zitternd pumpender Atem, aber geballte Fäuste. Wir rangen am Boden, er griff unters Bett. Wollte er sich ein Messer angeln? Noch nie zuvor hatte ich richtig gekämpft. So also fühlt sich das an, was wir schon hundertmal im Fernsehen erlebt haben!
Der Mann konnte entkommen – ohne Beute. Sein Gesicht prägte ich mir ein. Nach ein paar Minuten kam tatsächlich ein Gast von nebenan. Man hatte also meine Rufe gehört. Er rannte zurück, Automotoren heulten auf, Scheinwerfer streiften die Bäume am Nachthimmel. Sie wollten den

Mann fangen, ihm den Weg zurück ins Dorf abschneiden, ihm mit ausgeschalteten Lichtern auflauern. Nun war ich ganz allein.

Ich war müde und wach zugleich. Willkommen im Paradies! War es das, wofür ich aus freien Stücken meine sichere Anstellung in Deutschland gekündigt hatte? »Angst um den Job: Wen erwischt es als nächsten?« war das Titelthema der *Spiegel*-Ausgabe gewesen, die ich vorgestern im Flieger von Düsseldorf nach San José gelesen hatte. So überlegen war ich mir vorgekommen auf meinem Flug in die Freiheit, so unabhängig und so weit weg von den Kümmernissen zu Hause. Und nun? Höhnisch grinste mich der *Spiegel*-Titel zwischen den zerwühlten Taschen an, und alles war so anders als geplant. Sogar das Wetter. Rundum sonnige Trockenzeit verspricht der Kalender für Februar, aber während der Busfahrt war es oben im Bergnebelwald kühl geworden. Ein Vorhang aus Tropfen war an die Busfenster geprasselt, und der Fahrer hatte an drei Werkstätten halten müssen, weil er die durchlöcherten Wischerblätter wechseln wollte. Die ersten beiden Werkstätten hatten keine auf Lager: Wischerblätter in der Trockenzeit? »No hay«, gibt es nicht. Irgendwann fiel ich in einen kurzen, unruhigen Schlaf.

Gegen fünf Uhr wurde ich wach: die Zeit, zu der auch Costaricaner aufstehen. Weil dann die Luft frisch ist, klar und fast kühl, und weil man früh raus muß, wenn man vor der Mittagshitze noch hart rackern muß auf den Plantagen. Fünf Uhr, das erste silbrige Dämmerlicht. Und da waren sie wieder, die vertrauten Stimmen des Konzerts, das ich so liebe: Zuerst die kehligen Grunzbässe der Brüllaffen, die den neuen Tag begrüßen – immer ein paar dumpf keuchende Solisten voran, bevor das ganze Ensemble laut dröhnend einstimmt. Kurze Pause, rhythmisch rauschendes Meer. Dann der Chor der vielen kleinen Papageien, die schnatternd in den hohen Ceibobaum einfallen. Und schließlich die aufgeregten Gackertriolen der Chachalacas – am Boden lebende Rallenvögel, die ruckartig ihre Hälse vorstrecken und dabei mit metallisch-glockigem Gelächter den neuesten Tratsch aus der letzten Nacht zu kommentieren scheinen.

Als ich aus dem Häuschen trat, umschwirrte ein funkelnder Kolibri im brummenden Standflug die roten Tupfer der Hängematte, die er wohl für Blüten hielt. Ich ging schwimmen und hielt die Schönheit der Szenerie kaum aus. Wirklich wie ein Feuerball ging am Ufer gegenüber, über den Vulkanen von Panama, die Sonne auf. Und mitten hinein in dieses rote Rund sprangen zwei Delphine in absolut synchronem Gleichklang! Kein Mensch außer mir. Und vor mir breitete sich der Golfo Dulce aus – eine glatte, weite Spiegelfläche mit ein paar Kräuselwellen. Tief durchatmen! Und fest daran glauben, daß der Traum doch noch wahr werden wird!

Alles war wie ein Signal: Bleib hier! Es wird gutgehen! Als ich mich am Strand abtrocknete, flog wie zur Begrüßung eine Gruppe roter Aras im Formationsflug über mich hinweg: absolute Kostbarkeiten unter den Papageien, groß, ausdauernd im Flug und immer laut krächzend, auch in der Luft. Und kaum hatten die ersten Sonnenstrahlen die Lieblingssitzplätze der Leguane erwärmt, hockten zwei von ihnen auch schon auf ihren steinernen Solarien und quittierten mein vorsichtiges Vorübergehen mit ihrem typischen, hektischen Nicken – eine Aufmunterung, über die ich einfach loslachen mußte. Der Morgen war gerettet.

Beim Frühstück mit den Nachbarn kam ich bei Pfannkuchen mit Ananas und Papayas, frischem Orangensaft und einigen Tassen Costa-Rica-Kaffee wieder zu Kräften. Die Verfolgungsjagd war ergebnislos geblieben, aber meine Beschreibung paßte auf einen Mann, den sie gut kannten. Und im Dorf war der Einbruch schon frühmorgens das Thema Nummer eins. Mit unserem Nachbarn John aus den USA hatten wir unser Aussteigerprojekt geplant. Er war der Pionier hier am Strand, hatte schon zwei Jahre ohne Strom, ohne Wasserleitung und ohne Telefon gelebt und sich den ersten Brunnen und das erste Haus weit und breit gebaut. Das Dorf ist fünf Kilometer weit weg.

Unsere gemeinsame Idee war gewesen, daß John ein einfaches Strandlokal betreibt und wir, drei Paare aus Deutschland, uns nebenan drei kleine Häuschen bauen. Das sollten unsere privaten Refugien werden, in denen wir selbst unseren Urlaub verbringen würden. Wir wollten dann selbst in Johns Lokal essen, konnten also auf Küchen in unseren Häusern verzichten. Ich wollte monatelang nur Bücher schreiben und Reportagen für Natur- und Reisemagazine. In unserer Abwesenheit hätte John unsere Häuser an Gäste vermieten können. Und schließlich hätten wir in Deutschland für das kleine Robinsonidyll Werbung machen wollen, was John zusätzlich Gäste und Umsatz gebracht hätte. Eine Kooperation, die durchaus hätte funktionieren können.

Aber es kam anders. Die einsamen Pionierjahre ganz allein am Strand hatten John verändert. Seine Freundin war in letzter Minute von dem großen Abenteuer abgesprungen und lieber in New York geblieben. John kannte zwar alle und jeden auf der Halbinsel und war auch durchaus beliebt. Aber aus seinem Alleinsein halfen ihm auch Leute heraus, die nicht unbedingt zur besten Gesellschaft der Region gehörten. Auch diese Leute trafen sich in seinem Lokal.

Noch einiges andere kam zusammen – und alle zusammen kamen wir zu dem Schluß, daß John und wir getrennte Wege gehen sollten. John hatte einfach keine Lust mehr, sein Elan war verbraucht, und er wollte zurück in die USA. Nur: Unsere Häuschen standen bereits. Nach ein paar Wochen Leerstand im Niemandsland wären sie komplett geplündert worden. Was also tun?

Mit langen Lageberichten wanderte ich des öfteren eine Stunde lang ins Dorf, um sie von dort an meine Projektpartner nach Deutschland zu faxen. Ein Auto hatten wir nicht, und zu allem Überfluß versagte auch noch Johns Generator seinen Dienst, so daß wir drei Monate lang ohne Strom am Strand lebten – aber schon mit den ersten Gästen, die das rustikale Leben trotz aller Einschränkungen genossen. Die Begeisterung dieser Gäste und die Ermunterung costaricanischer Freunde gaben auch für die Daheimgebliebenen in Deutschland den Ausschlag: Wir machen weiter.

Als erstes machten wir unsere Freunde aus dem Dorf zu Projektpartnern – ein Schritt, der uns Sympathien bei der einheimischen Bevölkerung einbrachte und uns ihre Unterstützung sicherte. Acht Brüder und fünf Schwestern gehören zur Familie der Freunde – mitsamt ihren Ehepartnern, Kindern, Enkeln, Neffen, Schwagern und Schwägerinnen eine stattliche Gruppe. Ein Bruder, Alfredo, wurde zum Verwalter und Nachtwächter des Projekts ernannt. Eine Schwester, Margot, betreibt die Wäscherei im Dorf und ist fürs Waschen der Bettwäsche und der Handtücher zuständig. Ein weiterer Bruder, Jacobo, ist Automechaniker und hat mit den ständigen Reparaturen unseres alsbald gebraucht erworbenen Allradtransporters viel (für unsere Kasse sogar zu viel ...) zu tun. Dennis und John besorgen gelegentliche Taxifahrten, und Efraim, Bruder Nummer fünf, ist einfach immer da, wenn ein Freund gebraucht wird.

Als erstes mußten wir den Bau eines einfachen, aber stimmungsvollen Treffpunkts für die Gäste in Angriff nehmen, der Platz bietet zum Ausspannen, Tagebuchschreiben, Lesen, Plaudern und (nachdem John sein Lokal aufgegeben hatte und in die USA zurückgezogen war) natürlich auch zum Essen und Trinken. Ich entwarf eine Holzkonstruktion mit einer überdachten Panorama-Veranda in den Baumkronen, die ein Bautrupp aus dem Ort in einigen Wochen errichtete.

Überhaupt achteten wir darauf, möglichst alles, was wir brauchten, im Dorf zu erwerben und den Einheimischen Arbeit zu geben – ein weiterer, starker Faden im Netz der Wertschätzung und der Unterstützung, das wir Zug um Zug geknüpft haben. Alle Möbel und Türen stammen von Tischlern im Dorf, alle Einkäufe werden in den kleinen Mercados der Einheimischen getätigt, und sogar die Mauersteine wurden im Ort hergestellt: von Hand in primitiven Holzformen gepreßt und danach in der prallen Sonne getrocknet.

Beim Bau des Panoramadecks lernte ich eine Menge hinzu. Allein schon die Vielfalt der Holzarten und die Auswahl des Baumaterials sind für einen Europäer ein Abenteuer. Welche Sorten sind resistent gegen Termitenfraß? Welche sind zu weich, zu anfällig für Aufplatzungen in der Sonnenhitze oder für seltsam wuchernde Pilze in der Regenzeit? Bald wußte ich Bescheid über die Vor- und Nachteile von Manglio und Nazareno, von Chiricano und Manu und von sicherlich zehn weiteren Hölzern.

Das Ergebnis hat die Mühe gelohnt. Der Mirador, wie das Panoramadeck in der Landessprache heißt, ist die Attraktion für die Gäste. Aus den Hängematten genießen sie hoch oben den Blick über den Pazifikgolf bis hinüber zur Urwaldküste der anderen Seite. Eine kleine Bibliothek bietet Lesestoff und füllt sich mit ausgelesenen und zurückgelassenen Taschenbüchern der Gäste immer weiter auf. Und das tropische Frühstück wird hier oben ebenso zum Erlebnis wie das Dinner im Schein der Bambusfackeln.

Eine meiner liebsten Lernerfahrungen war das Gärtnern. Die meisten Pflanzen, die John für uns bei einer Baumschule im Hochland bestellt hatte und die per LKW fünf Stunden unterwegs gewesen waren, vertrugen das Klima an der Küste und den nährstoffarmen Sandboden nicht. Wieder Lehrgeld, das wir zahlen mußten! Aber nach und nach schenkten uns Leute aus dem Dorf Ableger und Setzlinge, die schon bestens akklimatisiert waren. Und so setzten und wässerten wir Bananen und Heliconien, Palmen und Oleander, Ananas und Avocados, Farne und Vanille, Hibiskus und Crotonia, Orchideen und Bougainvilleen. Die Anfänge sahen noch recht bescheiden aus, aber schon im zweiten Jahr wurde das Gesicht des Gartens erkennbar, so wie ich es mir vorgestellt hatte. Und im dritten Jahr mußte Alfredo bereits mit der Machete das wuchernde Dickicht zurückstutzen.

Das Wasser für Garten, Bäder und Küche liefert ein eigener Brunnen. Seine Elektropumpe wird von einem kleinen Generator mit Strom versorgt, der nur ein paar Stunden am Abend läuft. Dank intensiver Bewässerung in der Trockenzeit und systematischer Düngung mit Kompost aus den Küchenabfällen liefert der Garten inzwischen Zitronengras, Chili, Oregano, Ingwer, Zuckerrohr, Ananas, Papayas, Bananen und Limonen. Kokosnüsse hängen an den Palmen direkt am Strand.

Eine weitere Lernerfahrung war und ist immer noch unangenehm: Die salzhaltige Luft am Meer läßt in Windeseile Dinge rosten, von denen man hierzulande gar nicht annimmt, daß sie rosten können. Am übelsten erwischt es immer wieder das Auto, aber auch ein Kassettendeck für die leise Dinnermusik hält immer nur eine Saison durch. In der Regenzeit wird der Effekt der Salzluft noch verstärkt durch die hohe Luftfeuchtigkeit: Bettwäsche, Handtücher und die eigene Kleidung muffeln dann unangenehm, und ohne ausreichende Lüftung breitet sich Schimmel aus. So manche kreative Designidee aus deutschen Hirnen und so mancher Kissenbezug fielen diesem Klima zum Opfer. Einzige Lösung: Lüften, Durchzug – und Warten auf die Trockenzeit. Nicht immer leicht zu bewältigen ist auch eine ganz andere Lernerfahrung. Nämlich die, daß drei deutsche Paare sich bei einem solchen Projekt zwar durchaus gut ergänzen und sich gegenseitig auch immer wieder neu motivieren können, daß aber lange Trennungen zwischen Partnern meistens unvermeidlich sind. Ein Freiberufler kann eben meistens länger vor Ort sein als seine in Deutschland fest angestellte Partnerin. Verzicht und Kompromisse sind da an der Tagesordnung.

Vor unserer Ankunft hatten auf der Halbinsel nur zwei Europäer gelebt. Lukas, den deutschen Goldwäscher vom Rio Tigre, trifft man meistens beim sonntäglichen Gottesdienst. Und Michelle, eine etwas schrullige Schweizerin mit Sonnenbrille und Übergewicht, brummte schon bei unserer Ankunft auf ihrer Vespa zur Schotterflugpiste – immer neugierig, wer wohl aus der kleinen Maschine steigen wird, immer informiert, die lebende Dorfzeitung, aber wegen ihrer Redseligkeit nicht überall beliebt.

Später kamen andere hinzu. So auch die beiden jungen Aussteiger aus Dessau, die nach den Wirren der deutschen Vereinigung erst einmal raus wollten aus dem Durcheinander in ihrer ostdeutschen Heimat. Als sie am Hafen des Dorfes eine kleine Erfrischungsbude eröffneten, hielten wir das für einen Fehler. Sie machten den einheimischen Wirten und Händlern direkte Konkurrenz – was wir mit unserem Projekt vermeiden wollen, wo immer es möglich ist.

Lieber unterstützen wir die sogenannten »Microempresas«, also die mühevoll aufgebauten Initiativen und Kleinunternehmen der Einheimischen. Reittouren für unsere Gäste führt eine weitere befreundete Familie mit ihren Pferden und mit ihrem Farmverwalter als Begleiter durch. Bootsausflüge auf den Golf organisiert ein ökologisch aktiver Dorfsiedler in seinem eigenen Boot. Und eine wunderschöne Regenwaldtour zu Tukanen, Nasenbären, Pfeilgiftfröschen und drei Affenarten, die Alfredo kundig begleitet, führt auf das riesige Urwaldgrundstück eines Kleinbauern, der für jeden teilnehmenden Gast zehn Dollar erhält. Ein kleiner, aber wichtiger Anreiz für ihn, das wahre Kapital seines noch völlig intakten Urwaldes zu erkennen – ein Kapital, das vernichtet wäre, wenn er den Wald für die Tropenholzrodung zerstören würde (was er inzwischen nicht mehr will).

Immer wieder ist es die Begeisterung der Gäste, die uns manchen Frust vergessen läßt – vom komplizierten Hin und Her mit Behörden und Anwälten bis zur Entdeckung, daß irgendein Mechaniker zwar die Reparatur ausgeführt hat, die er ausführen sollte, aber dafür klammheimlich ein anderes Teil ausgebaut und durch ein uraltes ersetzt hat. Wenn dann aber Gäste zu Freunden werden, wenn ein pensionierter Bankdirektor mit einer jungen Boa Constrictor unterm Verandadach Freundschaft schließt, wenn ein Software-Entwickler beim Dinner von den Delphinen berichtet, die zwei Meter neben dem Boot neugierig aus dem Meer sprangen, wenn sich zwei Gäste bei uns vom Dorfpfarrer in einer romantischen Zeremonie am Strand samt improvisiertem Altar zwischen den Palmen trauen lassen, wenn die Frau des deutschen Botschafters am Neujahrsmorgen das Frühstück mit Dresdner Christstollen aus Botschaftsbeständen bereichert – dann sind das Erfahrungen, die wir eigentlich nie machen wollten (weil wir ja nie selbst ein solches Projekt wirklich managen wollten), die wir aber heute nie mehr missen möchten.

Und der Einbruch in der ersten Nacht? Der Mann, so stellte

sich heraus, hatte am Bau unserer Häuschen mitgearbeitet. Wir hatten John dafür Geld gegeben, aber John hatte wohl nicht alles an die Arbeiter ausgezahlt. Die Logik des Einbrechers: Wenn nicht in bar, dann eben in Sachwerten – irgendwie sollte er an das kommen, was ihm zustand. Das Mißverständnis klärte sich rasch, indem wir ihm mit Johns Quittung nachweisen konnten, daß wir den Baulohn bezahlt hatten – nur eben nicht auf direktem Weg. Meine Anzeige bei der Polizei zog ich zurück, und heute grüßen wir uns auf der Straße mit verhaltenem Respekt und wissendem Blick. Alfredo, der den Mann kennt und ihn und seine Freunde nicht besonders schätzt, hatte mit seinem Motto wieder einmal recht behalten: »Todo va a salir bien si Dios lo permite.«

WO ERFAHRE ICH MEHR?
Infos & Kontakte von A bis Z

Arbeitszeitmodelle

Flexible Arbeitszeitgestaltung. Praxishandbuch zur Einführung innovativer Arbeitszeitmodelle: Jan Kutscher u. a., Gabler Verlag 1996. 248 Seiten, 98 DM.
Interessante praxisbezogene Modelle, Ideen und konkrete Unternehmensbeispiele. Unverschämter Preis, aber gut geeignet für eine Diskussion in der Firma, mit dem Chef und mit dem Betriebsrat oder zur Entwicklung eigener Projekte mit Partnern und Mitarbeitern.

Auslandsjobs

Zentralstelle für Arbeitsvermittlung (ZAV) der Bundesanstalt für Arbeit, Feuerbachstraße 42–46, 60313 Frankfurt am Main. Tel.: 0 69/7 11 10; Fax 7 11 15 55.
Die ZAV steht über Computer in Kontakt mit Arbeitsämtern in der Europäischen Union und verfügt weltweit über gute Verbindungen zu ähnlichen Institutionen. Im Jahr 1995 hatte sie fast 5000 Interessenten aus Deutschland einen Arbeitsplatz im Ausland vermitteln können. Je zu einem Drittel waren darunter Akademiker/Führungskräfte, Fachkräfte/gehobene Fachkräfte und Hilfs- bzw. Aushilfskräfte. Nach Branchen aufgeschlüsselt, dominierten technische Berufe vor Handels- und Dienstleistungsberufen. Deutlich ab-

geschlagen folgten das Gesundheitswesen, Ernährung und Landwirtschaft sowie Ausbildung und Bildung. Fast die Hälfte aller Interessenten wurde in westeuropäische Länder vermittelt, mehr als ein Viertel in Entwicklungsländer, ein knappes Viertel in höher entwickelte Länder in Übersee und drei Prozent nach Ost- und Mitteleuropa. Die ZAV erhält jährlich mehr als 100 000 Anfragen von Deutschen, die im Ausland arbeiten wollen. – Eine Abteilung der ZAV vermittelt speziell *Hotel- und Gaststättenpersonal* ins In- und Ausland. Mit Hilfe dieser Abteilung (ZIHOGA / Zentrale und internationale Management- und Fachvermittlung für Hotel- und Gaststättenpersonal) und mit etwas Glück lassen sich Jobs in der Hotellerie und Gastronomie im jeweiligen Wunschland finden. Solche Jobs sind ideale »Sprungbretter«, um danach im selben Land ins eigene Ausstiegsprojekt »abzuspringen«.

Auslandspresse

Die regelmäßige Lektüre einer Zeitung oder eines Nachrichtenmagazins aus dem Zielland ist eine ideale Vorbereitung auf den Absprung dorthin. Die Immobilien- und Stellenanzeigen dieser Medien helfen bei der Wohnungs- und Jobsuche. Die *internationalen Pressekioske* in Großstadtbahnhöfen und Flughäfen bieten ein breites Sortiment aus den wichtigsten Ländern. Um Stärken und Schwächen einzelner Medien und ihre Abonnements-Konditionen zu erfahren, sollte man hierzulande zunächst die *Botschaft* des jeweiligen Staates kontakten. Es empfiehlt sich, das Abonnement dann direkt beim Verlag im Ursprungsland zu bestellen. Die großen Auslandspresse-Importeure in Deutschland sind nicht auf Einzelbestellungen von Medien aus exotischen

Ländern eingerichtet! In Zweifelsfällen recht hilfsbereit ist aber beispielsweise die Firma *Saarbach Internationaler Presseimport,* Hans-Böckler-Straße 19, 50354 Hürth-Hermülheim, Tel.: 0 22 33/7 99 60.

Beratungsstellen für Auswanderer

Bundesverwaltungsamt; Informationsstelle für Auslandstätige und Auswanderer, Postfach 68 01 69, 50728 Köln.
Tel.: 02 21/75 80; Fax 7 58 27 68.
Die Informationsstelle koordiniert mehr als *70 regionale Beratungseinrichtungen für Auswanderer in Deutschland.* Unter anderem gibt sie aktuelle und überaus nützliche Informationsbroschüren über *mehr als 160 Länder* in aller Welt heraus, die gegen eine geringe Schutzgebühr erhältlich sind. Außerdem sind von der Informationsstelle Merkblätter zu den Themen Versicherung im Ausland, Gesundheit, Arbeitsverträge im Ausland und Eheschließung im Ausland erhältlich – letztgenanntes Thema nach einzelnen Kontinenten geordnet und sogar mit einem Muster für islamische Eheverträge. Eine Liste der Beratungseinrichtungen in ganz Deutschland kann man bei der Informationsstelle im Kölner Bundesverwaltungsamt anfordern; dort kann man die für sich selbst nächstgelegene Beratungsstelle auch telefonisch erfragen. Jeder, der sich mit dem Gedanken trägt, mehr oder weniger dauerhaft ins Ausland zu gehen, kann von einem solchen Beratungsgespräch nur profitieren. Diese Gespräche sind kostenlos.

Botschaften (Auswahl)

Die zukünftigen Botschaftsadressen in Berlin waren bei Redaktionsschluß noch nicht bekannt.

Ägypten, Kronprinzenstraße 2, 53173 Bonn.
Tel.: 02 28/9 56 83-0; Fax 3 6 43 04
Antigua-Barbuda (nur Konsulat), Van-der-Smissen-Straße 2, 22767 Hamburg. Tel.: 0 40/3 80 55 80; Fax 3 04 62 09
Argentinien, Adenauerallee 50–52, 53113 Bonn.
Tel.: 02 28/22 80 10; Fax 2 28 01 30
Australien, Godesberger Allee 105–107, 53175 Bonn.
Tel.: 02 28/8 10 30; Fax 37 62 68
Barbados, Neue Mainzer Straße 22, 60311 Frankfurt/M.
Tel.: 069/23 23 66; Fax 2 30 77
Belgien, Kaiser-Friedrich-Straße 7, 53113 Bonn.
Tel.: 02 28/21 20 01; Fax 22 08 57
Belize, Lindenstraße 46–48, 74321 Bietigheim-Bissingen.
Tel.: 0 71 42/39 25; Fax 3 32 25
Bolivien, Konstantinstraße 16, 53179 Bonn.
Tel.: 02 28/36 20 38; Fax 35 59 52
Botswana (nur Honorarkonsulat), Berzeliusstraße 45, 22113 Hamburg. Tel.: 0 40/7 32 61 91; Fax 7 32 85 06
Brasilien, Kennedyallee 74, 53175 Bonn.
Tel.: 02 28/37 69 76 und 95 92 30; Fax 37 36 96 und 37 14 90
Bulgarien, Auf der Hostert 6, 53173 Bonn.
Tel.: 02 28/36 30 61; Fax 35 82 15
Burkina Faso, Wendelstadtallee 18, 53179 Bonn.
Tel.: 02 28/33 20 63; Fax 33 47 29
Burundi, Drosselweg 2, 53343 Wachtberg-Niederbachem.
Tel.: 02 28/34 50 32; Fax 34 01 48
Chile, Kronprinzenstraße 20, 53173 Bonn.
Tel.: 02 28/36 30 80–89; Fax 35 37 66

China, Kurfürstenallee 12, 53177 Bonn.
Tel.: 02 28/95 59 70; Fax 36 16 35 und 36 23 59
Costa Rica, Langenbachstraße 19, 53113 Bonn.
Tel.: 02 28/54 00 40; Fax 54 90 53
Cote d'Ivoire, Königstraße 93, 53115 Bonn.
Tel.: 02 28/21 20 98; Fax 21 73 13
Dänemark, Pfälzer Straße 14, 53111 Bonn.
Tel.: 02 28/72 99 10; Fax 7 29 91 31
Dominikanische Republik, Burgstraße 87, 53177 Bonn.
Tel.: 02 28/36 49 56; Fax 35 25 76
Ecuador, Koblenzer Straße 37, 53173 Bonn.
Tel.: 02 28/35 25 44; Fax 36 17 65
El Salvador, Adenauerallee 238, 53113 Bonn.
Tel.: 02 28/54 99 13; Fax 54 98 14
Estland, Fritz-Schäffer-Straße 22, 53113 Bonn.
Tel.: 02 28/91 47 90; Fax 9 14 79 11
Finnland, Friesdorfer Straße 1, 53173 Bonn.
Tel.: 02 28/38 29 80; Fax 3 82 98 57
Frankreich, An der Marienkapelle 3, 53179 Bonn.
Tel.: 02 28/36 20 31; Fax 36 17 58
Gabun, Kronprinzenstraße 52, 53173 Bonn.
Tel.: 02 28/35 92 86; Fax 35 91 95
Gambia (Botschaft: siehe Senegal), Konsulat: Kurfürstendamm 103, 10711 Berlin. Tel.: 0 30/8 92 31 21;
Fax 8 91 14 01
Ghana, Rheinallee 58, 53173 Bonn.
Tel.: 02 28/35 20 11; Fax 36 34 98
Grenada (nur Konsulat), Stierstraße 10, 12159 Berlin.
Tel.: 0 30/8 52 22 02; Fax 8 59 11 02
Griechenland, An der Marienkapelle 10, 53179 Bonn.
Tel.: 02 28/8 30 10; Fax 35 32 84
Großbritannien, Friedrich-Ebert-Allee 77, 53113 Bonn.
Tel.: 02 28/9 16 70; Fax 9 16 72 00

Guatemala, Zietenstraße 16, 53173 Bonn.
Tel.: 02 28/35 15 79; Fax 35 49 40

Honduras, Ubierstraße 1, 53173 Bonn.
Tel.: 02 28/35 63 94; Fax 35 19 81

Indien, Adenauerallee 262–264, 53113 Bonn.
Tel.: 02 28/5 40 50; Fax 5 40 51 54

Indonesien, Bernkasteler Straße 2, 53175 Bonn.
Tel.: 02 28/38 29 90; Fax 31 13 93

Irland, Godesberger Allee 119, 53175 Bonn.
Tel.: 02 28/95 92 90; Fax 37 35 00

Island, Kronprinzenstraße 6, 53173 Bonn.
Tel.: 02 28/36 4021; Fax 36 13 98

Israel, Simrockallee 2, 53173 Bonn.
Tel.: 02 28/82 32 58; Fax 35 60 93

Italien, Karl-Finkelnburg-Straße 51, 53173 Bonn.
Tel.: 02 28/8 22-0; Fax 82 21 69

Jamaica, Am Kreuter 1, 53177 Bonn.
Tel.: 02 28/35 40 45; Fax 36 18 90

Japan, Godesberger Allee 102–104, 53175 Bonn.
Tel.: 02 28/8 19 10; Fax 37 93 99

Jemen, Adenauerallee 77, 53113 Bonn.
Tel. (und Fax): 02 28/22 93 64 und 26 14 99

Jordanien, Beethovenallee 21, 53115 Bonn.
Tel.: 02 28/35 40 51; Fax 35 39 51

Jugoslawien (Serbien und Montenegro), Schloßallee 5, 53179 Bonn. Tel.: 02 28/34 40 51; Fax 34 40 57

Kamerun, Rheinallee 76, 53173 Bonn.
Tel.: 02 28/35 60 38; Fax 35 90 58

Kanada, Friedrich-Wilhelm-Straße 18, 53113 Bonn.
Tel.: 02 28/9 68-0; Fax 9 68 39 00

Kapverdische Inseln, Fritz-Schäfer-Straße 5, 53113 Bonn.
Tel.: 02 28/26 50 02; Fax 26 50 61

Kenia, Villichgasse 17, 53177 Bonn.
Tel.: 02 28/35 30 66 und 35 60 41; Fax 35 84 28
Kiribati (nur Konsulat), Rödingsmarkt 16, 20459 Hamburg.
Tel.: 0 40/36 14 60; Fax 36 14 61 23
Kolumbien, Friedrich-Wilhelm-Straße 35, 53113 Bonn.
Tel.: 02 28/23 45 65; Fax 2 368 45
Komoren (nur Konsulat), Löwenburgstraße 10, 50939 Köln.
Tel.: 02 21/46 21 61
Kongo (früher Zaire), Im Meisengarten 133, 53179 Bonn.
Tel.: 02 28/34 60 71; Fax 34 99 89
Kroatien, Rolandstraße 45, 53179 Bonn.
Tel.: 02 28/95 34 20; Fax 33 54 50
Kuba, Kennedyallee 22–24, 53175 Bonn.
Tel.: 02 28/3 09-0; Fax 30 92 44
Lettland, Adenauerallee 110, 53113 Bonn.
Tel.: 02 28/26 42 42; Fax 26 58 40
Libanon, Rheinallee 27, 53173 Bonn.
Tel.: 02 28/95 68 00; Fax 35 75 60
Liberia, Mainzer Straße 259, 53179 Bonn.
Tel.: 02 28/34 08 22
Litauen, Argelanderstraße 108 a, 53115 Bonn.
Tel.: 02 28/91 49 10; Fax 9 14 91 15
Malaysia, Mittelstraße 43, 53175 Bonn.
Tel.: 02 28/30 80 30; Fax 37 65 84
Malediven, Immanuel-Kant-Straße 16, 61350 Bad Homburg.
Tel.: 0 69/69 06 67 89; Fax 0 61 72/86 78 33
Malta, Victoriastraße 1, 53173 Bonn.
Tel.: 02 28/36 30 17; Fax 36 30 19
Marokko, Gotenstraße 7, 53175 Bonn.
Tel.: 02 28/35 50 44; Fax 35 78 94
Mauritius (Konsulat), Jacobistraße 7, 40211 Düsseldorf.
Tel.: 02 11/35 67 54; Fax 36 56 39

Mexiko, Adenauerallee 100, 53113 Bonn.
Tel.: 02 28/91 48 60; Fax 9 14 86 19

Mosambik, Adenauerallee 64a, 53113 Bonn.
Tel.: 02 28/26 29 93; Fax 21 39 20

Namibia, Mainzer Straße 47, 53179 Bonn.
Tel.: 02 28/34 60 21; Fax 34 60 25

Nepal, Im Hag 15, 53179 Bonn.
Tel.: 02 28/34 30 97; Fax 85 67 47

Neuseeland, Bundeskanzlerplatz 2–10 (Bonn Center HI 902), 53113 Bonn. Tel.: 02 28/22 80 70; Fax 22 16 87

Nicaragua, Konstantinstraße 41, 53179 Bonn.
Tel.: 02 28/36 25 05; Fax 35 40 01

Norwegen, Mittelstraße 43, 53175 Bonn.
Tel.: 02 28/81 99 70; Fax 37 34 98

Österreich, Johanniterstraße 2, 53113 Bonn.
Tel.: 02 28/53 00 60; Fax 5 30 06 45

Pakistan, Rheinallee 24, 53173 Bonn.
Tel.: 02 28/9 55 30; Fax 9 55 32 10

Panama, Lützowstraße 1, 53173 Bonn.
Tel.: 02 28/36 10 36; Fax 36 35 58

Papua-Neuguinea, Gotenstraße 163, 53175 Bonn.
Tel.: 02 28/37 68 55; Fax 37 51 03

Paraguay, Uhlandstraße 32, 53173 Bonn.
Tel.: 02 28/35 67 27; Fax 36 66 63

Peru, Godesberger Allee 125, 53175 Bonn.
Tel.: 02 28/37 30 45; Fax 37 94 75

Philippinen, Argelanderstraße 1, 53115 Bonn.
Tel.: 02 28/26 79 90; Fax 22 19 68

Polen, Lindenallee 7, 50969 Köln.
Tel.: 02 21/93 73 00; Fax 34 30 89

Portugal, Ubierstraße 78, 53173 Bonn.
Tel.: 02 28/36 30 11; Fax 35 28 64

Rumänien, Legionsweg 14, 53117 Bonn.
Tel.: 02 28/55 58 50; Fax 68 02 47

Rußland, Waldstraße 42, 53177 Bonn.
Tel.: 02 28/31 20 74; Fax 31 15 63

Sambia, Mittelstraße 39, 53175 Bonn.
Tel.: 02 28/37 68 13; Fax 37 90 34

Samoa (Konsulat), Spaldingstraße 70, 20097 Hamburg.
Tel.: 0 40/2 36 80 46; Fax 23 04 38

Schweden, Heussallee 2–10, Haus 1, 53113 Bonn.
Tel.: 02 28/26 00 20; Fax 22 38 37

Schweiz, Gotenstraße 156, 53175 Bonn.
Tel.: 02 28/81 00 80; Fax 8 10 08 19

Senegal, Argelanderstraße 3, 53115 Bonn.
Tel.: 02 28/21 80 08; Fax 21 78 15

Seychellen (Konsulat), Oederweg 43, 60318 Frankfurt am Main. Tel.: 0 69/59 82 62; Fax 5 97 01 66

Simbabwe, Villichgasse 7, 53177 Bonn.
Tel.: 02 28/35 60 71; Fax 35 63 09

Singapur, Südstraße 133, 53175 Bonn.
Tel.: 02 28/95 10 30; Fax 31 05 27

Slowakische Republik, August-Bier-Straße 31, 53129 Bonn.
Tel.: 02 28/9 19 74 29; Fax 9 19 74 54

Slowenien, Siegfriedstraße 28, 53179 Bonn.
Tel.: 02 28/85 80 33; Fax 85 80 57

Spanien, Schloßstraße 4, 53115 Bonn.
Tel.: 02 28/21 70 94; Fax 22 34 05

Sri Lanka, Noeggerathstraße 15, 53111 Bonn.
Tel.: 02 28/69 89 46; Fax 69 49 88

St. Kitts & Nevis, GB-London W8 5DL, 10 Kensington Court. Tel.: 0044-171/937 9522; Fax 9 37 55 14

St. Lucia (Konsulat), Weidebornweg 21, 61348 Bad Homburg. Tel.: 0 61 72/30 23 24; Fax 30 53 14

St. Vincent & Grenadines: wie St. Kitts & Nevis

Südafrika, Auf der Hostert 3, 53173 Bonn.
Tel.: 02 28/8 20 10; Fax 8 20 11 48

Tansania, Theaterplatz 26, 53177 Bonn.
Tel.: 02 28/35 80 51; Fax 35 82 26

Thailand, Ubierstraße 65, 53173 Bonn.
Tel.: 02 28/95 68 60; Fax 36 37 02

Togo, Beethovenallee 13, 53173 Bonn.
Tel.: 02 28/35 50 91; Fax 35 16 39

Tonga (Konsulat), Angermunder Straße 64, 40489 Düsseldorf. Tel.: 02 03/74 12 11

Trinidad & Tobago, GB-London SW1X 8NT, 42 Belgrave Square. Tel.: 0044-171/245 9351; Fax 8 23 10 65

Tschechische Republik, Ferdinandstraße 27, 53127 Bonn.
Tel.: 02 28/9 19 70; Fax 9 19 72 81

Türkei, Utestraße 47, 53179 Bonn.
Tel.: 02 28/34 60 52; Fax 34 88 77

Tunesien, Godesberger Allee 103, 53175 Bonn.
Tel.: 02 28/37 69 81; Fax 37 42 23

Uganda, Dürenstraße 44, 53173 Bonn.
Tel.: 02 28/35 50 27; Fax 35 16 92

Ukraine, Rheinhöhenweg 101, 53424 Remagen-Oberwinter.
Tel.: 02 28/94 18 27; Fax 94 18 63

Ungarn, Turmstraße 30, 53175 Bonn.
Tel.: 02 28/37 11 12; Fax 37 10 25

Uruguay, Gotenstraße 1–3, 53175 Bonn.
Tel.: 02 28/35 65 70; Fax 36 14 10

USA, Deichmanns Aue, 53179 Bonn.
Tel.: 02 28/339-1; Fax 3 39 26 63

Venezuela, Im Rheingarten 7, 53225 Bonn.
Tel.: 02 28/40 09 20; Fax 4 00 92 28

Vereinigte Arabische Emirate, Erste Fährgasse 6, 53113 Bonn. Tel.: 02 28/26 70 70; Fax 2 67 07 14

Vietnam, Konstantinstraße 37, 53179 Bonn.
Tel.: 02 28/35 70 21; Fax 35 18 66
Zaire siehe Kongo
Zypern, Kronprinzenstraße 58, 53173 Bonn.
Tel.: 02 28/36 33 36; Fax 35 36 26

Länder, die in Deutschland keine Botschaft unterhalten, sondern ausschließlich durch ein Fremdenverkehrsamt (Tourist Board) vertreten sind:

Aruba, Verkehrsbüro Aruba, Postfach 1948, 50209 Frechen.
Tel.: 0 22 34/27 30 37; Fax 27 30 50
Bahamas, Bahamas Tourist Office, Leipziger Straße 67d, 60487 Frankfurt am Main.
Tel.: 0 69/9 78 03 40; Fax 97 80 34 34
British Virgin Islands, The British Virgin Islands Tourist Board, Sophienstraße 4, 65189 Wiesbaden.
Tel.: 06 11/30 02 62; Fax 30 07 66
Cayman Islands, Cayman Islands Tourism, Marketing Services International, Johanna-Melber-Weg 12, 60599 Frankfurt am Main.
Tel.: 0 69/6 03 20 94; Fax 62 92 64
Curaçao, Fremdenverkehrsamt Curaçao, Arnulfstraße 44, 80335 München. Tel.: 0 89/59 84 90; Fax 59 23 91
Fidschi (auch Cook-Inseln, Neukaledonien, Salomon-Inseln, Tuvalu, Vanuatu, West-Samoa), Tourism Council of the South Pacific, Dircksenstraße 40, 10178 Berlin.
Tel.: 0 30/23 81 76 45; Fax 23 81 76 41
Guadeloupe, Fremdenverkehrsbüro Guadeloupe, Bethmannstraße 58, 60311 Frankfurt am Main.
Tel.: 0 69/28 33 15; Fax 28 75 44
Puerto Rico, Fremdenverkehrsbüro Puerto Rico,

Symens und Partner GmbH, Abraham-Lincoln-Straße 2,
65189 Wiesbaden. Tel.: 06 11/9 77 23 12; Fax 9 77 23 19

Tahiti, Tahiti Tourisme, Schulberg 6–10,
61348 Bad Homburg. Tel.: 0 61 72/2 10 21; Fax 2 55 70

Entwicklungshilfe

Ein Einstieg in den Ausstieg kann auch der vorübergehende Einsatz als Entwicklungshelfer im Zielland sein. Man lernt die Situation vor Ort ungeschminkt kennen, knüpft wichtige Kontakte, gewinnt Vertrauen – und hält sich die Optionen offen, anschließend im Land zu bleiben oder zurückzukehren. Eine abgeschlossene Berufsausbildung und mehrere Jahre berufliche Praxis sind ebenso Voraussetzung für eine Vermittlung wie glaubwürdiges soziales Engagement.

Deutscher Entwicklungsdienst, Kladower Damm 299,
14089 Berlin. Tel.: 0 30/36 88 10

Arbeitsgemeinschaft für Entwicklungshilfe,
Ripuarenstraße 8, 50679 Köln. Tel.: 02 21/8 89 60

Arbeitskreis Lernen und Helfen in Übersee,
Thomas-Mann-Straße 52, 53111 Bonn. Tel.: 02 28/63 44 24

Dienste in Übersee / Arbeitsgemeinschaft evangelischer
Kirchen in Deutschland, Nikolaus-Otto-Straße 13,
70771 Leinfelden-Echterdingen. Tel.: 07 11/7 98 90

Europäische Länder (EU-Mitglieder)

Europäische Kommission, Vertretung in Deutschland, Zitelmannstraße 22, 53113 Bonn. Tel.: 02 28/53 00 90; Fax 5 30 09 50 – Büro Berlin: Kurfürstendamm 102, 10711 Berlin. Tel.: 0 30/8 96 09 30; Fax 8 92 20 59 – Büro München: Erhardtstraße 27, 80331 München. Tel.: 0 89/2 02 10 11; Fax 2 02 10 15

Die Büros der EU-Kommission halten grundsätzliche Informationen bereit über Themen wie die Betriebsansiedlung in EU-Mitgliedsländern sowie zu einzelnen EU-weit gültigen Bestimmungen und Regelungen. Sie sind keine Auskunftsstellen für detaillierte Fragen zu einzelnen EU-Mitgliedsstaaten.

Euro-Berater

In der gesamten EU ist im Rahmen des Projekts EURES ein Kooperationsnetz von Euro-Beratern aufgebaut worden, die Arbeitgeber und Arbeitsuchende europaweit vermitteln und Hilfestellung geben können. Die Euro-Berater haben Zugriff auf eine europaweite Datenbank. Das für den jeweiligen Wohnsitz nächstgelegene Euro-Beraterbüro ist der Liste der Beratungstellen zu entnehmen, die von der Informationsstelle für Auslandstätige und Auswanderer beim Bundesverwaltungsamt in Köln angefordert werden kann (Anschrift unter »Beratungstellen für Auswanderer«).

Fairer Handel (Agrarprodukte)

TransFair Verein zur Förderung des Fairen Handels mit der »Dritten Welt« e. V., Remigiusstraße 21, 50937 Köln.
Tel.: 02 21/9 42 04 00; Fax 94 20 40 40
Eine gute Kontaktadresse für alle, die in einem tropischen Land selbst ein landwirtschaftliches Projekt betreiben, sich an einem solchen beteiligen oder auch hierzulande die Produkte aus solchen Projekten vertreiben wollen (beispielsweise in einem umschichtigen Teilzeitprojekt im Wechsel mit Partnern im Zielland). Produzenten aus etwa 30 Ländern in Afrika, Asien und Lateinamerika verkaufen ihre Erzeugnisse (bisher Kaffee, Tee, Honig sowie Kakao und Zucker zur Schokoladenproduktion) direkt an mehr als 100 TransFair-Lizenznehmer-Firmen in Deutschland. TransFair garantiert den einheimischen Erzeugern vor Ort (meistens Kleinbauern-Kooperativen) Abnahmepreise, die deutlich über dem üblichen Billiglohnniveau liegen; außerdem werden mit einem Lohnaufschlag im Herkunftsland der Produkte auch Projekte zur Förderung von Gesundheit, Bildung und Infrastruktur finanziert. Eine Ausdehnung der Produktpalette etwa auf Orangensaft, Gewürze und Textilien (Baumwolle) ist geplant.

Gesundheit

Gesundheit auf Reisen. Ein medizinischer Ratgeber für Fernreisen: Dr. Nikolaus Frühwein und Dr. Hans Dieter Nothdurft.
Kostenlos bei der Landeszentrale für Gesundheitsbildung in Bayern, Rotkreuzplatz 2 a, 80634 München,
Tel.: 0 89/16 33 03; Fax 16 93 84
Kompakte Gratis-Info über Infektionsrisiken (nach Ländern

aufgeschlüsselt), Impfschutz und Notfallapotheke. Mit vielen Adressen, die weiterhelfen.

Gesundheit und Alltag in den Tropen: Dr. Gunther von Laer. Gustav Fischer Verlag, 1995. 335 Seiten, 59 DM.
Überaus nützlich für Langzeitaussteiger in Tropenländern. Von den Risiken einer Entbindung in den Tropen über Tips, wie Europäer bei Langzeitaufenthalten in feucht-schwülen Regionen gesund bleiben, bis zur Frage, wie man gesundes Hauspersonal findet.

Gesund reisen in fernen Ländern: Dr. Harald Kretschmer und Dr. Martin Kaiser. Trias Verlag, 1996. 213 Seiten, 24,80 DM.
Impfungen, Erste Hilfe und Selbstbehandlung unter improvisierten Bedingungen werden praxisnah und leicht verständlich erklärt. Das Reisemagazin *Geo-Saison* urteilt: »Von der Malaria-Erkennung bis zum Entfernen von Seeigel-Stacheln aus der Haut: derzeit der beste Ratgeber auf dem Markt.«

Tropenmedizinische Institute:
Berlin: Institut für Tropenmedizin, Engeldamm 62–64, 10179 Berlin. Tel.: 0 30/2 74 60
Universitätsklinikum Rudolf Virchow, Augustenburger Platz 1, 13353 Berlin. Tel.: 0 30/4 50 50
Bonn: Institut für Medizinische Parasitologie der Universität, Siegmund-Freud-Straße 25, 53127 Bonn.
Tel.: 02 28/2 87 56 73
Dresden: Städtisches Klinikum Friedrichstadt, Schäferstraße 49–51, 01067 Dresden.
Tel.: 03 51/4 96 31 72
Hamburg: Bernhard-Nocht-Institut, Bernhard-Nocht-Straße 74, 20359 Hamburg. Tel.: 0 40/31 18 20

Heidelberg: Institut für Tropenhygiene, Im Neuenheimer Feld 324, 69120 Heidelberg. Tel.: 0 62 21/56 29 05
Leipzig: Klinik für Innere Medizin IV der Universität, Härtelstraße 16–18, 04107 Leipzig. Tel.: 03 41/9 72 49 71
München: Institut für Infektions- und Tropenmedizin der Universität, Leopoldstraße 5, 80802 München. Tel.: 0 89/21 80 35 17
Rostock: Klinik und Poliklinik für Innere Medizin der Universität, Ernst-Heydemann-Straße 6, 18057 Rostock. Tel.: 03 81/49 40
Tübingen: Institut für Tropenmedizin der Universität, Keplerstraße 15, 72074 Tübingen. Tel.: 0 70 71/29 23 65
Ulm: Medizinische Universitätsklinik, Robert-Koch-Straße 8, 89081 Ulm. Tel.: 07 31/5 02 44 27
Würzburg: Missionsärztliche Klinik, Salvatorstraße 7, 97074 Würzburg. Tel.: 09 31/7 91 28 21

Immobilien

Bellevue – Europas größtes Immobilien-Magazin. Verlagsgruppe Milchstraße / Bellevue Verlag, Hamburg. Monatlich im Zeitschriftenhandel; 8,50 DM. Jahresabonnement 96 DM (zu bestellen bei Bellevue-Leserservice, 74168 Neckarsulm. Tel.: 0 71 32/95 91 60; Fax 95 91 65).
Dickleibige Mischung aus Zeitschrift und Immobilienkatalog. Übersichtlich nach Ländern geordnete und meistens bebilderte Angebote von Häusern, Grundstücken, Wohnungen, Apartments, renovierungsbedürftigen Altbauten und gewerblichen Immobilien (Restaurants, Hotels, Landwirtschaft) in Deutschland, Europa und in aller Welt. Nützliche juristische Tips und länderbezogene Hintergrundberichte. Sehr gut geeignet zur ersten Einschätzung

der Marktlage in den jeweiligen Ländern sowie zur Kontaktaufnahme mit Maklern, die auf die jeweiligen Länder spezialisiert sind. Die konkreten Angebotspreise sind in manchen Fällen kraß überzogen. Eine Überprüfung des Preisniveaus durch eigene Erkundungen vor Ort ist unbedingt zu empfehlen!

Deutsche Schutzvereinigung Auslandsimmobilien e. V.,
Zähringer Straße 373, 79108 Freiburg.
Tel.: 07 61/5 50 12; Fax 5 50 13

Deutsch-Schweizerische Schutzgemeinschaft für Auslands-Grundbesitz e. V., Carl-Benz-Straße 17a, 79761 Waldshut-Tiengen. Tel.: 0 77 41/21 31; Fax 16 62

Deutscher Bundesverband für Teilzeit-Wohnrechte e. V.,
Wachsbleiche 32, 53111 Bonn. Tel.: 02 28/65 70 95;
Fax 65 63 21
Für Interessenten an Time-sharing-Wohnformen und an deren rechtlichen Aspekten. Dubiose Geschäftspraktiken unseriöser Anbieter, geschönte Kostenrechnungen und manche Enttäuschung hinsichtlich der Wiederverkäuflichkeit des Teilzeit-Eigentums haben diese Wohnform allerdings in Verruf gebracht.

Import / Export

Handels- und Wirtschaftsabteilungen der Botschaften
(siehe »Botschaften«)

Bundesstelle für Außenhandels-Informationen
(siehe »Wirtschaftsinformationen«)

Fernlehrwerk für deutsche Kinder im Ausland,
Staatliche Zentralstelle für Fernunterricht (ZFU),
Peter-Welter-Platz 2, 50676 Köln. Tel.: 02 21/9 21 20 70,
Fax 92 12 07 20
Fernlehrgänge, die den jeweiligen Jahrgangsstufen des deutschen Schulsystems angepaßt sind.

Die Firma **Multilingual Matters Ltd.** (Frankfurt Lodge, Clevedon Hall, Victoria Road, Clevedon, Avon, England. Tel.: 00 44-1275/87 65 19) publiziert und vertreibt Bücher und Zeitschriften zum wichtigen Thema »Zweisprachig aufwachsen«. Alle Publikationen in englischer Sprache! Aktuelle Preise und Bezugsbedingungen enthält der jeweils gültige Katalog. Aus dem Sortiment sind besonders interessant:

The Bilingual Family Newsletter: George Saunders (Hrsg.). Eine Zeitschrift für Leser in aller Welt, die eigene Erfahrungen mit der Zweisprachigkeit in Familie, Erziehung und Umgebung austauschen und mit denen man selbst Kontakt aufnehmen kann. Ergänzt durch neueste wissenschaftliche Erkenntnisse.

Raising Children Bilingually – The Pre-School Years: Leonore Arnberg, Universität Stockholm. Ein Überblick über wichtige Forschungsergebnisse zum Thema Zweisprachigkeit im Vorschulalter. Erweitert um praktische Ratschläge.

Konsulate

In vielen deutschen Groß- und Mittelstädten sind Konsulate anderer Länder ansässig. Überraschenderweise sind nicht selten kleine und exotische Länder durch *Honorarkonsulate* sogar in mittelgroßen Städten vertreten – zumeist aufgrund einer Geschäftsverbindung des jeweiligen Honorarkonsuls mit dem jeweiligen Land. Wichtige Länder unterhalten in Großstädten *Generalkonsulate* oder Konsulate zur Pflege wirtschaftlicher und kultureller Kontakte sowie zur Betreuung ihrer eigenen Staatsbürger in der jeweiligen Region.

Besonders die kleineren Honorarkonsulate haben nicht immer den vollständigen Überblick über alles, was sich in dem von ihnen vertretenen Land ereignet. Dafür ist aber ein persönlicher Kontakt zum Honorarkonsul in der Nähe der eigenen Heimatstadt meist unproblematisch herzustellen; seine eigenen Erfahrungen und seine Bewertung einer Projektidee können wichtige Orientierung geben. Im Idealfall benennt der Konsul Bekannte oder Geschäftspartner im Zielland für weiterführende, persönliche Kontakte.

Auf gar keinen Fall sollte man mit dem Konsulat seines Ziellandes Kontakt aufnehmen, nur um im Gespräch die banalsten Grundsatzfragen zu erörtern! Wer sich einen Termin beim Konsul geben läßt, sollte das von ihm vertretene Land schon gut kennen (zwei längere Reisen sind das Minimum) und sich aus möglichst vielen Quellen schon vorab über Grundsätzliches informiert haben. Je konkreter und ausgereifter Ihre Vorstellungen sind, die Sie im Gespräch erläutern, um so besser. Der Eindruck, den Sie und Ihre Ideen auf den Konsul machen, wird seine Bereitschaft zur Hilfestellung wesentlich mitbestimmen – und auch die Information, die er über Sie in »sein« Land weiterleitet.

Im Telefonbuch der jeweiligen Stadt sind alle dortigen konsularischen Vertretungen meist unter »Konsulate« in alphabetischer Reihenfolge der Länder aufgeführt. Auch die Botschaft des jeweiligen Ziellandes in Bonn oder Berlin nennt das zuständige Konsulat in Ihrer Nähe.

Mitwohn-Zentralen

Verband der Mitwohnzentralen Deutschlands e. V.
Georgenstraße 45, 80799 München.
Tel.: 0 89/2 71 55 05; Fax 2 71 20 19
Die Geschäftsstelle des Verbandes nennt die nächstgelegene Mitwohn-Zentrale, die Zwischenmieter für die eigene Wohnung vermitteln kann (zu empfehlen für die kostendeckende Weitervermietung der eigenen Wohnung, wenn man für ein Aussteigerprojekt im Wechsel mit Partnern einen Teil des Jahres im Ausland verbringt).
In mehr als 40 deutschen Städten sind Mitgliedsagenturen des Verbandes inzwischen unter dem einheitlichen Firmennamen *Home Company* vertreten. Sie sind im jeweiligen örtlichen Telefonbuch zu finden oder zentral über
Tel.: 0 89/1 94 45 zu erfragen.
Die Home Company koordiniert bundesweit Anfragen und Angebote zwischen den einzelnen Stadtbüros. Internet: www.homecompany.de
Auch über die *Personalabteilungen* großer Firmen sowie über die *Studentenwerke* von Universitäten lassen sich Interessenten für zeitlich befristete Untermiet- oder Mitwohn-Modelle finden.

Organisationen

Taschenbuch des öffentlichen Lebens: Albert Oeckl. Festland-Verlag, jährlich aktualisiert. 1500 Seiten, 142,50 DM. Allgemein bekannt als »der Oeckl«, widmet das Standardwerk allein zehn Prozent seines Gesamtumfangs, also etwa 150 Seiten, der Aufzählung von Organisationen und Institutionen auf dem Gebiet der deutsch-ausländischen Beziehungen – sehr übersichtlich und alphabetisch nach Staaten geordnet. Deutsch-ausländische Handelskammern und deutsch-ausländische Gesellschaften sind ebenso vertreten wie Freundschaftsvereinigungen und berufsspezifische Organisationen mit Mitgliedern in den jeweiligen beiden Staaten. Wer den stolzen Preis sparen will, sollte sich den Band gratis in einer öffentlichen Bibliothek besorgen und die in Frage kommenden Adressen notieren oder kopieren.

Playa PreciOsa Lodge

Informations- und Buchungsadresse für das Costa-Rica-Projekt des Autors: **The Jungle Academy Reisevermittlung G.Amrehn,** Pötschener Straße 55, 82131 Gauting.
Tel.: (und Fax): 0 89/8 50 81 51

Senioren

Senior Experten Service, Buschstraße 2, 53113 Bonn.
Tel.: 02 28/26 09 00; Fax 2 60 90 77
Der Senior Experten Service vermittelt Fachkräfte im Ruhestand zeitlich befristet in Staaten, in denen ihr Fachwissen zur Beratung von Unternehmen und Organisationen

besonders gefragt ist. Die Anforderung eines deutschen Senior-Experten muß aus dem jeweiligen Land kommen. Senioren-Experten wurden bislang in mehr als 130 Länder entsandt. Die Einsatzdauer je Land und Projekt beträgt maximal sechs Monate – ausreichend Zeit, um zu prüfen, ob das Land anschließend zur Zweitheimat werden soll.

Sprachen

Die Lehrmittel-Verlage Cornelsen-Scriptor, Hueber, Klett und Langenscheidt bauen ihre Sprachlernangebote (Bücher, Hörkassetten, Videos, Disketten, CD-ROMs) ständig aus. Insbesondere der Software-Bereich fürs Sprachenlernen am Computer expandiert kräftig. Aktuelle Kataloge und Preislisten sind in großen Buchhandlungen oder direkt von den Verlagen erhältlich:

Cornelsen-Scriptor Verlag GmbH & Co., Postfach 330 109, 14171 Berlin. Tel.: 0 30/8 97 77 40; Fax 89 77 74 44

Max Hueber Verlag, Max-Hueber-Straße 4, 85737 Ismaning. Tel.: 0 89/9 60 20; Fax 9 60 23 58

Ernst Klett Verlag GmbH, Rotebühlstraße 77, 70178 Stuttgart. Tel.: 07 11/6 67 20; Fax 62 80 53

Langenscheidt Verlag KG, Postfach 40 11 20, 80711 München. Tel.: 0 89/36 09 60; Fax 36 09 62 95

Spotlight-Verlag GmbH, Fraunhoferstraße 22, 82152 Planegg-Martinsried. Tel.: 0 89/85 68 10; Fax 85 68 11 05

Der Verlag gibt die monatlich erscheinenden Sprachzeitschriften *Spotlight* (in Englisch), *adesso* (in Italienisch), *Ecos* (in Spanisch) und *écoute* (in Französisch) heraus. Die Magazine enthalten aktuelle Artikel über Gesellschaft, Wirtschaft, Kultur, Politik, Sport und Reiseziele der Länder, in denen die jeweilige Sprache gesprochen wird. Schwierige Wörter aus den Artikeln werden auf Deutsch erklärt; ein Übungsteil ermöglicht vertiefendes Sprachtraining. Im Extra-Abonnement werden zu jeder Ausgabe begleitende Hörkassetten angeboten.

Aktion Bildungs-Information e. V. (ABI), Alte Poststraße 5, 70173 Stuttgart, Tel.: 07 11/29 93 35; Fax 29 93 30
Die ABI verschickt gegen Schutzgebühr neutrale und vergleichende Informationen über Sprachreise-Anbieter.

Fachverband deutscher Sprachreise-Veranstalter (FDSV) e. V., Hauptstraße 26, 63811 Stockstadt. Tel.: 0 60 27/27 90; Fax 41 88 47
Dachorganisation von Sprachreiseveranstaltern, die sich zur Einhaltung wichtiger Qualitätsstandards verpflichtet haben. Verschickt Informationen über Mitgliedsunternehmen und Kriterien, was einen guten Sprachkurs im Ausland auszeichnet.

Staatliche Zentralstelle für Fernunterricht (ZFU)
Peter-Welter-Platz 2, 50676 Köln. Tel.: 02 21/9 21 20 70; Fax 92 12 07 20

FVW international, Verlag Dieter Niedecken GmbH, Jungfrauenthal 47, 20149 Hamburg. Tel.: 0 40/4 41 87 30; Fax 44 18 73 43. Jahres-Abonnement (28 Ausgaben) 122 DM.
Führende Fachzeitung der Tourismusbranche (FVW steht für »Fremdenverkehrswirtschaft«). Enthält aktuelle Analysen und Prognosen des internationalen Reisemarkts, ständige Rubriken über Reiseveranstalter, Marketing und Buchung/Verkauf sowie konkrete Hintergrundberichte zur Entwicklung von touristischen Zielregionen und von einzelnen Urlaubsformen (Studienreisen, Ferienwohnungen, Abenteuerurlaub, Sportferien usw.). Umfassendster Überblick über alles Wichtige in der Branche. Ideale Orientierung für alle Branchenfremden, die im Ausland ein touristisches Projekt aufziehen wollen. Umfangreicher Stellenmarkt für Mitarbeiter bei Reiseveranstaltern, in Reisebüros und für Auslandsjobs (Reiseleiter u. a.).

Taschenbuch für die Touristik-Presse, Kroll-Verlag Garmisch/Seefeld, jährlich aktualisiert. 470 Seiten, 48 DM. (Zu beziehen durch Kroll Medienshop, Postfach 1160, 86989 Steingaden. Tel.: 0 88 67/7 87; Fax 83 31)
Obwohl eigentlich für Reisejournalisten gedacht, bietet das kompakte Buch auch Einsteigern in den Tourismus einen aktuellen und nahezu vollständigen Überblick über die Ansprechpartner bei Reiseveranstaltern, Tourismusverbänden, Reservierungssystemen, Hotelketten, Reiseführerverlagen und Touristikvertretungen (Fremdenverkehrsämter) anderer Länder in Deutschland und an ihren Heimatadressen. Besonders nützlich: die Auflistung aller zuständigen Journalisten in den Reiseredaktionen bei deutschen Zeitungen,

Zeitschriften und Fernseh- und Radiosendern. Diese Ansprechpartner in den Reiseredaktionen der Medien sind wichtige Kontakte, wenn man sein eigenes touristisches Projekt im Ausland den deutschen Medien bekannt machen will – üblicherweise indem man Pressemitteilungen an sie verschickt.

Umzug

Ob sich beim Umzug ins Ausland die Mitnahme von Möbeln und Hausrat überhaupt lohnt, sollte rechtzeitig geprüft werden. Je weiter entfernt und je exotischer das Zielland, desto ratsamer ist es, eine renommierte internationale Spedition mit der Komplettabwicklung »von Haustür zu Haustür« zu beauftragen – also einschließlich Zollformalitäten, Versicherung, Zwischenlagerung und Koordination aller beteiligten Einzelspediteure und Reedereien. Nicht nur die Entfernung bestimmt den Preis von Überseetransporten, sondern vor allem auch die Lage von Ausgangs- und Zielort im jeweiligen Land. Wenn sie beide in der Nähe von häufig angelaufenen Überseehäfen liegen, ist der eigentliche Ferntransport per Schiffscontainer mitunter überraschend preiswert. Erst lange Strecken über Land zu und von den Häfen, womöglich mit mehrfachem Umladen, erhöhen die Tarife erheblich. Auf jeden Fall sollte man Angebote von mindestens drei renommierten Speditionen einholen. Einen nützlichen Umzugsratgeber verschickt die

Bundesverband Möbelspedition e. V. Schulstraße 53, 65795 Hattersheim. Tel.: 0 61 90/98 98 13; Fax 98 98 20

Visum-Beschaffung

SerVisum Konsular- und Visum-Agentur,
Eppendorfer Landstraße 89, 20249 Hamburg.
Tel.: 0 40/4 80 00 50, Fax 48 35 80.
Weitere Büros in Berlin (Tel. 0 30/3 40 00 60) und in Bonn (Tel. 02 28/91 76 80).
Die Agentur hilft in eiligen und komplizierten Fällen.

Wirtschaftsinformationen

Bundesstelle für Außenhandels-Informationen,
Agrippastraße 87–93, 50676 Köln. Tel.: 02 21/2 05 70;
Fax 2 05 72 12. Unterlagen-Versand: Tel.: 02 21/2 05 73 16.
Schnellinformation: Tel.: 02 21/2 05 72 22 –
Büro Berlin: Scharnhorststraße 36, 10115 Berlin.
Tel.: 0 30/20 14 52 16; Fax 20 14 52 04
Die Bundesstelle verschickt gegen Rechnung länderbezogene Informationen, die besonders für Firmengründungen im Zielland und für Export-Import-Unternehmen wichtig sind. Behandelt werden u.a. Einfuhr- und Ausfuhrvorschriften des jeweiligen Landes, Wirtschaftsrecht, Steuern, Zölle, Messen, Handelsvertretersuche, Büroeröffnung, Werbung und Marketing. Auch Kontakte zu Handelsförderungsgesellschaften, zu spezialisierten Anwälten und zu Anbietern offener Stellen im Zielland lassen sich mit Hilfe der Broschüren herstellen. Die eindrucksvolle Liste der analysierten Länder reicht von A bis Z – von Aserbeidschan bis Zypern.
Zusätzlich zu seinem gedruckten Info-Material bietet die Bundesstelle einen individuellen Suchservice nach speziellen, landesbezogenen Informationen, der im Erfolgsfall nach Zeitaufwand berechnet wird.